Otto Lueger

Die Brunnenleitung der Stadt Freiburg

erbaut 1873 bis 1876 - Eine Darstellung des Zustandekommens, der Ausführung

und des Betriebes derselben

Otto Lueger

Die Brunnenleitung der Stadt Freiburg
erbaut 1873 bis 1876 - Eine Darstellung des Zustandekommens, der Ausführung und des Betriebes derselben

ISBN/EAN: 9783743311572

Hergestellt in Europa, USA, Kanada, Australien, Japan

Cover: Foto ©ninafisch / pixelio.de

Otto   Lueger

Die Brunnenleitung der Stadt Freiburg

Die
Brunnenleitung

der

Stadt Freiburg.

Erbaut 1873—76.

Eine Darstellung des Zustandekommens, der Ausführung und des Betriebes derselben

Im Auftrage des verehrlichen Stadtrathes verfaßt

von

dem leitenden Techniker.

Mit sechs lithographirten Plänen.

Freiburg i. B.
Buchdruckerei von D. Lauber.
1879.

Einleitung.

Der verehrliche Stadtrath in Freiburg hat dem Unterzeichneten die ehrende Aufgabe gestellt, eine Beschreibung der im Jahre 1873 begonnenen und nunmehr in segensreicher Wirksamkeit begriffenen neuen Brunnenleitung zu verfassen. Es sollte diese speziell der Bürgerschaft Freiburgs zugeeignete Arbeit einestheils den ganzen Umfang des Baues in technischer Beziehung und seine Leistungsfähigkeit darstellen und auf der anderen Seite in zusammenhängender Form des Ganges der Bauausführung und der Betriebseinrichtungen gedenken.

Ich habe deßhalb die vorliegende Arbeit in drei Abschnitte und einen Anhang zerlegt; der erste Abschnitt behandelt das Zustandekommen des definitiven Projectes, der zweite die Bauausführung und der dritte den Betrieb. Im Anhange sind die zur Kenntniß des öffentlichen Verlaufes der Angelegenheit unentbehrlichen Erscheinungen in der Presse und die offiziellen Aktenstücke, welche die Gemeindebehörde s. Z. in Druck gelegt hat, beigefügt.

Wohl selten ist eine Brunnenleitung, wie die neuerbaute der Stadt Freiburg, so rasch von dem Erfolge gekrönt worden; auf der anderen Seite waren die Schwierigkeiten, welche diesem Erfolge entgegenstunden, in nicht geringerem Maße als bei jedem anderen Wasserwerke vorhanden. Daß diese Schwierigkeiten nicht nur technischer, sondern vorzugweise administrativer Natur waren will ich ganz besonders hervorheben.

Indem ich die vorliegende Arbeit dem Auftraggeber in Ehrerbietung unterbreite, verknüpfe ich damit den herzlichen Wunsch, daß die Einwohnerschaft auch in Zukunft bei allen ihren Entschließungen glücklich sein und der so mühesamen Arbeit, welche ihr durch den Stadtrath besonders bei der Brunnenleitung in aufopfernder Weise geleistet wurde, stets dankbar gedenken möge.

Lueger, Ingenieur.

I. Voruntersuchungen und Project.

Die Stadt Freiburg besitzt seit ihrem Bestehen eine Brunnenleitung aus dem so= genannten Mösle. Die Quellen liegen etwa 1500 Meter oberhalb der Schwabenthorbrücke und beträgt der Höhenunterschied zwischen dem Wasserspiegel im heutigen Sammler und der Fahrbahn obengenannter Brücke 15 Meter.

Die erste Beschreibung dieser Brunnenleitung datirt vom Jahre 1535. Die in vier Brunnenstuben gefaßten Quellen speisten damals 20 öffentliche und 11 Privatbrunnen mit zusammen 40 Röhren. In den Jahren 1559 und 1590 wurden bedeutende Veränderungen an der Quellenfassung und Zuleitung vorgenommen und im Jahre 1610 ist das Wasser aus 15 Brunnenstuben „ganz aus Quadersteinen erbaut und mit Steinplatten bedeckt" in zwei „Deichelfahrten" der Stadt zugeleitet worden. Die Anzahl der Brunnen hatte sich nicht ver= mehrt. Während des dreißigjährigen Krieges kam diese Brunnenleitung in solchen Verfall, daß die öffentlichen Brunnen nur noch nothdürftig Wasser gaben. Im Jahre 1665 wurden alsdann wieder Verbesserungen vorgenommen, deren Erfolg jedoch mit der Eroberung Freiburgs durch Ludwig XIV. im Jahr 1684 wesentlich beeinträchtigt wurde.

Mit dem Fortschreiten der Zeit hatte sich auch der Wasserbedarf vermehrt. Im Jahre 1720 existirten schon 47 Brunnen mit 72 Röhren, im Jahre 1732 57 Brunnen mit 70 Röhren.

Bei großem Wassermangel half man sich nach altem Herkommen dadurch, daß man zur Nachtzeit Dreisamwasser mittels des Floßgrabens in die Brunnenstuben führte. Es waren dieß die sogenannten „Heimlichkeiten" der Brunnenleitung.

Auch in diesem Jahrhundert wurden fortwährend Reparaturen, Verbesserungen und Erweiterungen an der bestehenden Quellenfassung sowohl, als auch an der Zuleitung versucht, jedoch zumeist ohne Erfolg, bis man sich endlich im Jahre 1842 entschloß, eine vollständige Abänderung der Brunnenleitung vorzunehmen. Diese Abänderung bestand im Wesentlichen darin, daß statt der vielen Brunnenstuben eine zusammenhängende Sammelanlage und statt der hölzernen „Deichelleitungen" gußeiserne Röhrenfahrten angewendet wurden. In dem Samm= ler im Mösle sollte nach den vorhandenen Akten folgende bezeichnende Inschrift angebracht werden:

„Aus alten Urkunden ist zu entnehmen, daß die frühere Brunnenleitung auf dieser Stelle nicht viel später als die Stadt selbst gegründet worden ist und solche im 15. und 16. Jahrhundert anderen Städten zum Muster diente. Das Quellwasser wurde aber immer weniger und wir waren dadurch genöthigt, die Brunnenquellen ganz anderst zu fassen, die vielen Brunnenstuben und hölzernen Röhren zu entfernen, an deren Stelle ein 10 Fuß (3 Meter) tiefer und 600 Fuß (180 Meter) langer Brunnenstubencanal anzulegen, durch dessen unterste Steinschicht auch das Quellwasser vom Gebirge eindringen kann.

Die gußeisernen Röhren, sowohl in der Stadt als von derselben bis zu den Quellen, hat die Beurbarung bezahlt; das ganze Werk, im Kostenbetrage von 60,000 Gulden, wurde größtentheils im Laufe des Jahres 1842 ausgeführt, bei den Quellen jedoch nicht ohne Besorg= niß, indem die erfolglosen früheren Arbeiten gezeigt haben, daß der Mensch nicht in das Innere der Erde sieht. Der Sammler wurde 6 Fuß (1,8 Meter) tiefer und größer angelegt, als der alte war, damit die kommenden Geschlechter bei fortdauernder Vergrößerung der Stadt mehr und weiter gefaßte Quellen durch Verlängerung des Canales darin sammeln und nach Bedarf in die Stadt leiten können.

Möge nun der Allmächtige, dem wir für den glücklichen Erfolg unseres Unternehmens, und diese reichen Quellen danken, solche auch ferner beschützen."

Mit Ende des Jahres 1843 war diese neue Leitung vollendet; sie entsprach den Be= dürfnissen vollkommen.

Im Jahre 1858 wurde die Anlage dadurch wieder verdorben, daß man, „um dem wachsenden Verlangen nach Privatbrunnen entsprechen zu können", einen neuen Sammelcanal in unzureichender Tiefe der bestehenden Sammelanlage zufügte und damit die ganze Wasser= fassung verschlechterte.

Diese, durch Laien verschuldeten Mißerfolge, sowie die fortwährend zunehmende Nach= frage nach Privatbrunnen veranlaßten den Gemeinderath im Jahre 1861, einen Sachverstän= digen, Herrn Dr. Bruckmann aus Stuttgart, um Vorschläge zur Gewinnung neuer Quellen und zur Verbesserung der bestehenden Anlage anzugehen. Dieser Herr lieferte ein sehr gründ= liches und umfassendes Gutachten über die geologischen und hydrographischen Verhältnisse der Umgebung von Freiburg, dessen Inhalt in Kürze folgender ist:

„Die Gebirgsformation und Lage von Freiburg ist für Anlegung artesischer Brunnen nicht geeignet und an den Bergabhängen längs des rechten und linken Dreisamufers würde man vergebens nach reichhaltigen Quellen forschen, weil die Gehänge zu steil sind und größere zusammenhängende Condensationsflächen für Regen, Thau rc. fehlen. Reiche und nachhaltige Quellwasser können für Freiburg nur im Diluvium des Thalgrundes erschlossen werden, am Besten am Uferrande alter Hochgestade. Alles Quellwasser, welches man nach vorangegangener längerer Trockenheit im Diluvium des Dreisamthales erschließt, darf für alle Zeiten als ein sicherer Besitz angesehen werden."

Außerdem schlug Herr Bruckmann zur Verbesserung der Mösleleitung erweiterte Sammel=Anlagen vor, die jedoch nicht in seinem Sinne und auch nicht in zweckentsprechender Weise zur Ausführung gelangten. Gegen eine Neugestaltung des Wasserversorgungswesens nach Maßgabe seiner Vorschläge hatte man große Bedenken.

Im Jahre 1864 ertheilte Herr Oberbaurath Gerwig der Gemeinde ein Gutachten über Verbesserungen an der Mösle=Leitung; seine Vorschläge sind jedoch auch nur theilweise ausge= führt und dadurch in ihrer Wirkung beeinträchtigt worden. Man hatte, wie auch früher, die

Ausführung keinen sachverständigen Händen anvertraut und es ist eine — leider in Freiburg vielfach constatirte — Thatsache, daß gerade die Laien mit seltener Beharrlichkeit ihre merk= würdigen Ansichten im öffentlichen Bauwesen zu verwirklichen streben.

Indessen begann sich bei dem einsichtsvolleren Theile der Bürgerschaft doch allmählig die Ansicht Bahn zu brechen, daß durch die ewigen Flickereien an der Mösleleitung eine ent= sprechende Wasserversorgung der Stadt nicht erreicht werden könne und eine, den Bedürfnissen und Ansprüchen unserer heutigen Zeit angepaßte großartige Umgestaltung des hiesigen Wasser= versorgungswesens erforderlich sei. Es wurden mannigfaltige Vorschläge nach letztgenannter Richtung hin erörtert, z. B. über die Möglichkeit eines Pumpwerkes, die Benützung des Was= sers im Waldschütz'schen Gute ꝛc. ꝛc. Doch hielt die Scheu vor der Verantwortung für ein solches Werk an maßgebender Stelle jede kräftige Initiative zurück.

Erst im Jahre 1871 begann der Gemeinde-Rath die Wasserversorgungsfrage energisch in die Hand zu nehmen, nachdem verschiedene Klagen der Einwohnerschaft über Wassermangel, die erfahrungsgemäße Trübung des Mösle-Wassers nach jedem stärkeren Regen ꝛc. eine Rege= lung bringend verlangten. Es wurden im Bohrerwalde bei Güntersthal Versuche zur Auf= schließung von Wasser gemacht, jedoch erfolglos. Sodann sind im Sinne des Bruckmann'schen Gutachtens eingehende Untersuchungen über die Wasserergiebigkeit des Diluviums im Dreisam= thale angestellt worden und nach den Schürfungen der Herren Dr. Schill und Geometer Muggenfuß konnte der Gemeinderath die Ueberzeugung gewinnen, daß für die hiesige Stadt eine correcte, den Anforderungen der Neuzeit entsprechende Wasserversorgung mit hohem Drucke ohne Anwendung eines Pumpwerkes möglich sei. Die aufgedeckten Quellen hatten ihren Ur= sprung in den sogenannten Rehmatten oberhalb Ebnet, in einer Höhe von circa 40 Meter über dem Pflaster am Schwabenthore.

Nach diesen Arbeiten betrachtete es der Gemeinderath als seine nächste Aufgabe, sich die Frage zu beantworten, ob die Mösleleitung gründlich erweitert und verbessert werden solle, oder ob es zweckmäßiger sei, in Benutzung der oberhalb Ebnet erschlossenen Quellen ein neues Wasserwerk zu erbauen. Die Erörterung dieser Alternative war in der ausführlichsten Weise geboten, da ein Theil der Bürgerschaft der modernen Wasserversorgung abgeneigt war und insbesondere, neben der besseren Qualität des Wassers auch die Rentabilität eines solchen Werkes zum Vornherein unbedingt verneinte.

Zur Feststellung des Aufwandes für das neu zu erbauende Wasserwerk erhielt Herr Ingenieur Gerstner in Karlsruhe den Auftrag, ein Project anzufertigen, das unter Mit= wirkung des Unterzeichneten im März 1872 begonnen und im September jenes Jahres durch Herrn Gerstner dem Gemeinderathe abgeliefert wurde. Das Project war generell und im Wesentlichen gegründet auf die bereits gemachten Voruntersuchungen. Für die weiter nöthigen Ausarbeitungen wegen Verbesserung der Mösleleitung und der eventuellen Leitung des Baues konnte eine Verständigung mit Herrn Gerstner nicht mehr erzielt werden, da er den Staats= dienst nicht verlassen wollte, der Gemeinderath aber die ständige Anwesenheit des berathenden Technikers in Freiburg als unerläßlich betrachtete. Es wurde demselben deßhalb das für sein geistiges Eigenthum an dem Projecte beanspruchte Honorar ausbezahlt und dem Unterzeichneten die weitere technische Behandlung der Aufgabe anvertraut. Gleichzeitig wurde eine besondere

Wasserleitungscommission gebildet, bestehend aus den Herren des Gemeinde=Rathes Mez, Schaich und Wagner und aus den, von dem Gemeinde=Rathe besonders berufenen Herren Arzt Eschbacher, Freiherr v. Gayling, Arzt Lang, Dr. Schill, Fabrikant Schwarz und Medizinalrath v. Wänker, unter dem Vorsitze des Oberbürgermeisters.

Der Gemeinderath war bei Behandlung der Wasserversorgungsfrage von ganz besonderer Vorsicht geleitet. Vor allen Dingen wollte er den thatsächlichen Beweis haben, daß die in der Rehmatte aufgedeckten, auch dem Gerstner'schen Projecte unterlegten Quellen reichlich und anhaltend Wasser liefern. Zu dem Zwecke wurden am 10. Februar 1873 beim Bürger=ausschusse die Mittel zur Tieferlegung der Quellenfassung bezw. zur vollständigen Aufschließung der Quellen und zum Ankaufe des dem Domainen=Aerar zugehörigen Terrains angefordert und bewilligt. Die Arbeit ist sodann im Laufe des Sommers 1873 vollzogen worden. Von dem gewonnenen Wasser hatte man dem Herrn Hofrath Dr. v. Babo verschiedene Proben zur chemischen Analyse übergeben und bezeichnete das gründliche und ausführliche Gutachten dieses Herrn das Wasser als ein ganz vorzügliches. Ein gleiches Gutachten erstattete über denselben Gegenstand Herr Professor Reichert. Die Quantität des Quellwassers wurde regelmäßig gemessen und schwankte stets zwischen 100—105 Liter per Sekunde. Eine Trübung der Quellen, auch bei anhaltendem Regenwetter, fand nie statt und der Augenschein zeigte deutlich, daß die Richtung des Grundwasserstromes eine von Nordost nach Südwest ziehende war, also keinesfalls ein Zusammenhang der Quellen mit der offenfließenden Dreisam statt=finden konnte.

Im Herbste des Jahres 1873 entschied sich endlich der Gemeinderath nach genauer Erwägung aller Verhältnisse für die Ausführung einer neuen Wasserleitung aus dem oberhalb Ebnet gelegenen Quellengebiete und beschloß, beim Bürgerausschusse den Antrag auf Bewilligung der hiezu erforderlichen Mittel zu stellen. Die maßgebenden Gesichtspunkte wurden in einer Denkschrift auseinandergesetzt, welche im Anhange abgedruckt ist und auf die ich mir zu verweisen erlaube. Dabei wurde zu der, im Projecte des Herrn Gerstner enthaltenen Voranschlagssumme ein Zuschlag von 150,000 Gulden gemacht und die Versorgung von Herdern und Wiehre aus der neuen Leitung in das Project einbezogen.

Obschon hinsichtlich der Qualität und Quantität des erschlossenen Wassers nach den vorhandenen Untersuchungen ein Zweifel über die sichere Grundlage des Unternehmens nicht mehr aufkommen konnte und bei den sachkundigen Mitgliedern des Gemeinderathes auch hin=sichtlich Zweckmäßigkeit der projectirten und bereits ausgeführten Bauten kein Zweifel mehr bestund, auch der größere Theil der Bürgerschaft mit warmem Interesse für das neu zu er=bauende Wasserwerk eintrat, so wurde dennoch in der Presse eine heftige Agitation gegen das Unternehmen in's Werk gesetzt. Diese Agitation wurde von einer Partei, welche prinzipiell alle Maßnahmen des Gemeinderathes tadelte, betrieben und das hiefür benutzte publizistische Organ — der Oberrheinische Courier — lieferte im August und September 1873 in nahezu ununterbrochener Reihenfolge Artikel auf Artikel, um nachzuweisen, daß die in Aussicht genom= mene Wasserleitung ein verfehltes Unternehmen sei. Zunächst wurde die Bedürfnißfrage ver= neint. Sodann wurde behauptet, daß nach den Erfahrungsresultaten anderer Städte kaum das halbe Zinsenerforderniß der Wasserleitungsschuld aus den Brunnenmiethen eingehen werde,

und daß niemals 400—450 Abonnements auf die neue Leitung genommen würden. Zwischen=
hinein zweifelte ein Anderer die Qualität des aufgeschlossenen Wassers an und behauptete, es
sei unreines Flußwasser 2c. Endlich wurde mehrfach darauf verwiesen, daß das von den Herren
Lueger und Gerstner vorliegende Project vor der Ausführung anderen bewährten Sachverständigen
zur Prüfung unterbreitet werden müsse. Alles dieß geschah unter dem Deckmantel des wärmsten
Gemeinde=Interesses. Ein Auszug aus diesen Operaten ist, als zur Geschichte der Wasserleitung
gehörig, im Anhange abgedruckt.

Der Gemeinderath glaubte auch Jenen willfahren zu sollen, die noch weitere Prüfun=
gen des Projectes für nöthig hielten; doch wollte derselbe eine weitere Verschleppung der Er=
ledigung vor dem Bürgerausschusse verhindern. Zu technischer Hinsicht war insbesondere das
Publikum über die Anlage des Hochreservoires beunruhigt worden.

Herr Oberbürgermeister Schuster ersuchte deßhalb am 25. November 1873 die im
Wasserversorgungswesen bekannte Autorität, Herrn Oberbaurath v. Ehmann aus Stuttgart
um Begutachtung der hier vorliegenden Verhältnisse im Allgemeinen nach Maßgabe der diesem
Herrn mitgetheilten gemeinderäthlichen Denkschrift, sodann um Einsichtnahme der bereits fertig
gestellten Quellenfassung und um Prüfung der im Gerstner'schen Projecte vorgeschlagenen tech=
nischen Dispositionen.

In der Sitzung des Bürgerausschusses vom 1. Dezember 1873 wurde sodann von
dem geschehenen Schritte Mittheilung gemacht und zugesagt, daß die Inangriffnahme der Zu=
leitung 2c. von dem Gutachten des Herrn Oberbaurath v. Ehmann abhängig gemacht werden
solle, worauf der Ausschuß die zur Vollendung des Werkes erforderlichen Mittel mit allen
gegen zwei Stimmen genehmigte. Dagegen stimmten die Fabrikanten C. Mez und C. Schwarz.

Herr Oberbaurath v. Ehmann konnte nicht so rasch, als es dem Gemeinderathe er=
wünscht gewesen wäre, dem an ihn gestellten Ersuchen entsprechen. Er sprach zwar bereits
durch Zuschrift vom 30. November 1873 sich dahin aus, daß er auf Grund der ihm gemachten
Vorlagen unbedingt von einer Erweiterung der Mösleitung abrathen müsse, fand sich jedoch
erst am 10. und 11. März 1874 zur Besichtigung der bereits hergestellten Arbeiten hier ein. Am
23. März 1874 erstattete er das folgende Gutachten:

„Eingegangener Einladung zu Folge begab sich der Unterzeichnete unter dem 10. d. M.
nach Freiburg, um daselbst von den theilweise bereits in Angriff genommenen Arbeiten zur
Herstellung einer neuen städtischen Quellwasserleitung von Ebnet her persönlich Einsicht zu
nehmen, nachdem schon im Laufe des Winters die hierüber vorliegenden generellen technischen
Vorarbeiten zur näheren Kenntniß hieher zur Vorlage gebracht worden sind.

Insofern bis zum Zeitpunkte der vorgenommenen örtlichen Besichtigungen am 10. und
11. d. M. Detailpläne über die einzelnen projectirten Bauausführungen noch nicht vorlagen,
hatte sich Unterzeichneter in loco auf eine eingehende Besprechung des zur Durchführung geneh=
migten Gesammtplanes und der bis dahin gefertigten allgemeinen Kostenvoranschläge zum Wasser=
versorgungsprojecte zunächst zu beschränken, und es wurde demgemäß auch, nach der Einsicht=
nahme der Baustellen in Ebnet und am Schloßberge, detaillirte Berathung, theils mit dem die
Ausführung des Baues leitenden Herrn Ingenieur, theils auch mit der gleichfalls anwesenden
gemeinderäthlichen Wasserversorgungscommission über alle wichtigeren Punkte gepflogen.

Die hierauf gemeinschaftlich vorgenommenen Besichtigungen, zunächst in Ebnet, führten den Unterzeichneten sofort zu der Ueberzeugung, daß sowohl vermöge der vorgefundenen Beschaffenheit des Untergrundes, als der Umgebung und Höhenlage das zur Erschließung gewählte ausgedehnte Quellengebiet sich in jeder Hinsicht als wohl geeignet zur reichlichen und nachhaltigen Versorgung der Stadt Freiburg mit gutem und reinem Trinkwasser erweist, und daß insbesondere die durch eine rationelle Fassung und Zusammenführung der in den langgestreckten Kiesschichten der Thalsohle theils schon gewonnenen, theils noch zu erhoffenden bedeutenden Wassermengen wohl auf alle Zeiten den Bedürfnissen der Stadtgemeinde und den sich immer steigernden sonstigen Anforderungen an eine moderne öffentliche Wasserversorgung zu genügen im Stande sein werden.

Die im Quellengebiete bei Ebnet bereits begonnenen Bau-Arbeiten erscheinen im Wesentlichen kunstgerecht eingeleitet und dürfte eine rasche Durchführung derselben um so eher zu erwarten stehen, wenn die völlige Fertigstellung der Galerien und des Sammelschachtes, sowie namentlich auch der Rohrlegungs-Arbeiten beim Hauptstrange, die erste Strecke thalabwärts, in umsichtiger Weise durch Beiziehung geeigneter, die genügende Wasserhaltung in den tief einzuschneidenden Röhrengraben sichernder technischer Hülfsmittel — Aufstellung einer oder mehrerer Centrifugalpumpen mit Locomobil-Betrieb 2c. — kräftiger als dieß durch kostspielige und wenig fördernde Handarbeiten möglich wird, noch unterstützt würden; auch könnte die Zugsrichtung für den Hauptzuleitungsstrang bis zum projectirten Hochreservoir durchaus rechts des Dreisamflusses gewählt und umständlichere Flußübergänge vermieden werden. Endlich sollten die späteren Terrain-Oberflächen des ganzen Quellengebietes mit seinen unterirdischen Galerien und Sickerungs-Anlagen und deren nächsten Umgebungen jeder äußeren Verunreinigung durch Boden-Düngungen 2c. allezeit entzogen bleiben, diese Areale vielmehr nur mit völlig geeigneten, vor schädlichen äußeren Einflüssen schützenden Culturen angebaut werden.

Was die gewählte Constructionsweise der in Ausführung begriffenen Galerien für die Wasserzusammenführung betrifft, so muß die Erfahrung zeigen, ob die statt gemauerter und überdeckter Canäle hiefür gewählten allerdings etwas billigeren Cementröhren bei ihrer tiefen Lage im Boden dem damit verbundenen erheblichen Erddruck von Oben her resp. der starken Belastung auf die Dauer und der ganzen Länge nach zu widerstehen vermögen: es hängt dieß wesentlich auch von der guten Fabrikation dieser Röhren und dem hiezu verwendeten Materiale ab, weßhalb in diesen Richtungen die Entgegennahme möglichst weitgehender bündiger Garantien von Fabrikanten sich in erster Linie dringend empfiehlt; unter allen Umständen erschiene es zweckmäßig, über den tief liegenden Galerien in entsprechenden Entfernungen von einander einige über Tag gehende und besteigbare gemauerte Schächte aufzuführen, vermittels deren zeitweise Visitationen resp. Ausreinigungen der Cementcanäle einigermaßen ermöglicht werden.

Zu einem weiteren gleich wichtigen Theile des vorliegenden Wasserversorgungsplanes nunmehr übergehend — dem projectirten Hochreservoir am Schloßberge — so wird dessen Anlage und Einschaltung in das System auch in Freiburg, wie überall sonst, wo es sich um die Schaffung einer rationellen, den berechtigten Ansprüchen der Neuzeit wirklich genügenden Wasserversorgungsanlage handelt, unabweislich und zur absoluten Nothwendigkeit, sollen nicht die mit so großen Geldopfern zur Ausführung gebrachten hydraulischen Einrichtungen zum Vornherein in ihren wesentlichsten Functionen mangelhaft und unvollkommen; weit hinter der mit Recht zu erwartenden Leistungsfähigkeit zurückstehend ausfallen und bleiben. Nur ein zweckmäßig angelegtes, in seinen Größenabmessungen richtig gewähltes Hochreservoir vermag das genügende Ausgleichungsmittel zwischen den regelmäßigen Wasserzuflüssen von den Quellen und dem stets variirenden, zu Zeiten höchst unregelmäßigen und oft auf das Drei- und Mehrfache vom Wasserzuflusse periodisch gesteigerten Wasserverbrauche einer Stadt zu bilden; der Mangel eines Reservoirs aber kann in solchen Fällen die ganze Wasserleitung zu Zeiten völlig nutz- und werthlos machen, wo man derselben gerade am dringendsten bedürfte. Endlich hat sich auch keines der gewöhnlich gegen Reservoir-Anlagen im Allgemeinen vorgebrachten, vom technischen Standpunkte aus nach keiner Richtung hin stichhaltigen Bedenken in Wirklichkeit und nach der mit rationell ausgeführten Hochreservoir-Einrichtungen gemachten Erfahrungen bewahrheitet. Bei der, durch entsprechende Constructionsweise leicht zu erzielenden continuirlichen Circulation des eingeleiteten und meist ebenso rasch wieder abfließenden Wassers und den gegen jedwede Temperatureinflüsse, Sonnenlicht und alle Verunreinigung auf's Beste geschützten unterirdischen Räumen sind weder Pflanzen- noch sonstige Bildungen oder überhaupt Verschlechterungen der zugeführten Wasser denkbar, noch sind derartige Uebelstände bis daher nirgendwo thatsächlich aufgetreten bei gut angelegten und sorgfältig erhaltenen Wasser-Reservoiren.

Was sodann noch die projectirte Plazirung des Hoch-Reservoirs am Schloßberge betrifft, so dürfte hiezu der am 11. März gleichfalls besichtigte hinlänglich hohe Punkt unmittelbar hinter der Stadt wohl als der einzig geeignete für die Anlage des fraglichen Bauwesens, das in seinen Grundformen sich eben dem allerdings überall steilen Bergabhange anzupassen hätte, erscheinen; einige Terrainschwierigkeiten sind auch hier nicht zu umgehen; ebenso dürfte die Beschaffung der Baumaterialien &c. etwas umständlicher als gewöhnlich werden; doch lassen sich derartige, nur einmal auftretende Hindernisse durch einen umsichtigen und practischen Geschäftsbetrieb, unterstützt mit geeigneten technischen Hülfsmitteln: Aufzug-Vorrichtungen, Schienengeleise &c. für den Erd- und Steintransport — auf ein geringes Maß rebuziren.

Die Größenabmessung des jedenfalls in zwei getrennten Kammern anzulegenden Hoch-Reservoires betreffend, so dürfte für die Verhältnisse der Stadt Freiburg ein räumlicher nutzbarer Inhalt beider Abtheilungen mit rund 100,000 Cubikfuß (2700 Cubik-Meter) wohl genügen; nach anderweitigen Erfahrungen sollte sich der Gesammtaufwand für fertige Herstellung eines solchen Reservoires, wenn in solidester massiver Weise, aber mit Hinweglassung alles Ueberflüssigen, zur Ausführung gebracht auf etwa 60—65,000 Gulden belaufen; die vorgesehene Höhenlage der Bassin-Sohle mit rund circa 100 Fuß (30 Meter) über der Stadt ist zwar nicht allzureichlich, jedoch immerhin für ein weit ausgedehntes Röhrennetz und für die Wasserversorgung sämmtlicher Stadttheile genügend.

Ueber das Vertheilungsröhrennetz selbst, sowie die verschiedenen sonstigen Einzelheiten des Unternehmens lassen sich, da, wie schon Eingangs bemerkt, Details zur Ausführung noch nicht gebracht sind, weitere gutächtliche Aeußerungen von diesseits nicht abgeben; die vorliegenden Kostenüberschläge schließlich noch betreffend, so sind dieselben in ihren Gesammtsummen, wie schon früher bemerkt, hoch genug gegriffen, um bei rascher und in einandergreifender Durchführung der Wasserversorgungsbauten nicht nur keine Ueberschreitungen des Voranschlages, sondern vielmehr bei einzelnen Positionen noch erhebliche Ersparnisse erhoffen zu lassen.

Hochachtungsvoll zeichnet

v. Ehmann, k. württemberg. Oberbaurath."

Das Gutachten wurde in der Sitzung des Bürger=Ausschusses vom 31. März 1874 von dem Vorsitzenden verlesen unter gleichzeitiger Vorlage des von dem Unterzeichneten für die Weiterführung der Arbeiten aufgestellten Bauprogrammes. Der Bürgerausschuß ertheilte sodann einstimmig die Ermächtigung zur unverweilten Inangriffnahme des Werkes bezw. zur Fortsetzung der begonnenen Arbeiten.

Auf Grundlage der seitherigen Vorarbeiten und nach Maßgabe der nunmehr geklär=ten Ansichten über den technischen Theil der Bauausführung fertigte sodann der Unterzeichnete ein detaillirtes Project über den ganzen Wasserleitungsbau an und legte dasselbe Anfangs Juli 1874 dem Gemeinde=Rathe vor. Eine weitere Prüfung dieses Operates wurde nicht mehr vorgenommen und ist der ganze Bau hienach vollzogen worden.

II. Die Bauausführung.

Der wichtigste Theil des Wasserwerkes, die Quellen, waren, wie schon erwähnt, von den Herren Dr. Schill und Geometer Muggenfuß ungefähr an derselben Stelle, an welcher sich jetzt die große Sammelanlage befindet, bereits im Jahre 1871 aufgedeckt. Als daher im April 1872 die Anfertigung des Projectes in Auftrag gegeben wurde, stund im Allgemeinen das Prinzip der Wassergewinnung bereits fest und es handelte sich für die projectirenden Techniker im Wesentlichen nur darum, zu untersuchen, ob nicht etwa innerhalb derselben geologischen Formation eine zweckmäßigere Wassergewinnungsstelle vorhanden sei und wenn nicht, ob man erwarten dürfe, daß die aufgedeckten Quellen hinsichtlich Quantität und Qualität' genügen. Es war übrigens zum Vornherein anzunehmen, daß man den einmal bezeichneten Platz nicht verlassen werde und beginnen beßhalb schon im Jahre 1872 Bauarbeiten für das Wasserwerk, die, wenn sie auch wesentlich zur Orientirung über die zu hoffende Wasserquantität angestellt wurden, hier doch erwähnt werden müssen, weil sie den Anfang der Herstellung der Sammelanlage bilden und insofern auch einen Theil der Bauausführung repräsentiren. Die Arbeiten bestunden in der Tieferlegung der Gräben, welche die Wasser der aufgedeckten Quellen aufnahmen, sowie in der Herstellung eines Abzugsgrabens nach der Dreisam; sie wurden zu Anfang April 1872 begonnen und waren Mitte Mai desselben Jahres beendigt.

Die eigentlichen Arbeiten zur Wassergewinnung nach dem inzwischen von dem Unterzeichneten in allen Details ausgearbeiteten Projecte nahmen ein Jahr später ihren Anfang. Erdarbeiter von Ebnet begannen im April 1873 vertragsmäßig mit dem Aushube der Baugruben für die Sammelkanäle; es waren dieß Einschnitte mit einfüßiger Anlage von 1,5 Meter Sohlenbreite, zusammen 180 Meter Länge und 5—8 Meter mittlerer Tiefe, nebst dem großen Abzugsgraben nach der Dreisam. Die Arbeiten schritten rasch voran, trotz der verhältnißmäßig großen Schwierigkeiten, welche das massenhaft zudringende sehr kalte Wasser bereitete, so daß, wie in Aussicht genommen, im Herbste 1873 das Einlegen der Sammelkanäle und die Absenkung des Sammelbrunnens hätte beginnen können. Die Disposition der Wassergewinnung ist auf Blatt 2 der Beilage dargestellt, aus welcher auch die Hauptrichtung des Grundwasserstromes zu erkennen ist. An der Kreuzung der Sammelkanäle ist ein Sammelbrunnen hergestellt, von welchem aus die Druckleitung beginnt. Der auf Blatt 3 skizzirte Brunnen erhielt eine Lichtweite von 4,5 Meter und ist mit einem schmiedeisernen, mit einer starken Schneide ausgehenden Roste versehen, welchen das Etablissement des Herrn Ph. A. Fauler in Freiburg in anerkannt schöner Arbeit geliefert hat. Die Hohlräume des conisch von der Schneide bis zum horizontalen Auflager für die Aufmauerung erweiterten Rostes sind mit Béton gefüllt. Die Aufmauerung besteht aus verspunteten Quadern aus rothem Sandstein von Heimbach; der Mantel hat in Richtung des Radius gemessen eine Stärke von 0,6 Meter und ist an Stoß- und Lagerfugen mit eisernen Klammern zusammengehalten, die sich an seiner Außenfläche befinden. Die Sammelkanäle, welche eine lichte Höhe von 0,9 Meter und eine Breite zwischen den Kämpfern von 0,7 Meter erhielten, sind ebenfalls auf Blatt 3 im Querschnitte und Längenschnitte skizzirt; sie wurden aus Béton von dem Etablissement des Herrn Krems in Freiburg in sehr schöner Arbeit hergestellt. Der ganzen Erstreckung dieser Kanäle nach sind in Entfernungen von 0,6 Meter beiderseits Seitenschlitze für den Einlauf des Wassers angebracht, sowie der letztere auch durch Oeffnungen in der Sohle von 0,30 Meter im Geviert ermöglicht ist.

Während nun, wie bereits erwähnt, die Erdarbeiten schon im Herbste 1873 das Versenken des Sammelbrunnens und das Einlegen der Kanäle gestatteten, auch die Quader für den Brunnenmantel, sowie die Béton-Kanäle gefertigt waren, verzögerte sich die Fertigstellung des Brunnenrostes bei der damals bestehenden Ueberlastung der Eisen-Etablissements mit Aufträgen bis zum Ende des Jahres. Es war erst am 13. Januar 1874 möglich, den Rost auszubétoniren, so daß im Februar dieses Jahres das Versetzen der Quader des Brunnenmantels beginnen konnte; die Arbeit war an Herrn Maurermeister Geis von Freiburg vergeben und Mitte März soweit vorgeschritten, daß dem Versenken des Brunnens kein Hinderniß mehr im Wege stand. Der Brunnen wurde nun mit Hilfe einer Baggerschaufel ohne besondere Wasserhaltung auf eine Tiefe von 2,7 Meter unter die Sohle der Sammelkanäle abgesenkt und war in dieser Tiefe am 1. Juli 1874 angelangt. Die Arbeit des Absenkens geschah in Regie und bot, der außerordentlich großen Gerölle wegen, mehr als gewöhnliche Schwierigkeiten; es war vielfach erforderlich, die Lösung des Bodens und die Zertrümmerung großer Wacken durch Sprengschüsse unter Wasser zu bewerkstelligen.

Gleichzeitig mit dem Versenken des Brunnens waren auch die Sammelkanäle in die Baugruben eingebracht und regelrecht bis 0,3 Meter über ihren Scheitel mit gewaschenem sortirtem Flußkies, wie er durch ein Gitter von 40 Millimeter Spiegelweite erhalten wird, hinterfüllt worden. Auf diese grobe Kieslage wurde sodann feinerer Kies in allmälig abnehmender Stärke des Korns in 1 Meter Höhe und hierauf bis zu 0,5 Meter unter Terrain theils reiner gewaschener Flußsand, der in der Nähe billig zu haben war, oder solcher Sand, wie er aus dem übrigen Aushub sortirt wurde, aufgeschüttet. An den Enden der Sammelkanäle sind Zugangsschachte bis auf Terrain gemauert, welche seitlich angebrachte Ventilationskamine haben, in gleicher Weise hergestellt, wie das auf Blatt 3 dargestellte zur Entlüftung des Brunnens dienliche; die Construction verhindert wirksam jede von Außen kommende Verunreinigung. Die ganze Sammelanlage war im Wesentlichen Ende Juli 1874 vollendet.

Inzwischen hatte der Gemeinderath auch hinsichtlich der ganzen Bauausführung für das Wasserwerk entscheidende Beschlüsse gefaßt. Nach der Sitzung des Bürgerausschusses vom 31. März 1874 brachte der Unterzeichnete das detaillirte Project für die Zuleitung von den

Quellen nach dem Hochreservoir zur Vorlage; der Gemeinderath genehmigte die Ausführung und übertrug dieselbe auf Grund stattgehabter öffentlicher Submission mit Vertrag vom 12. Mai 1874 an die Herren Jahiet, Gorand, Lamotte & Cie. von Oettingen, als die Niederst= bietenden. Ausgeschlossen von dem Vertrage war die Lieferung der Schieber, welche von dem v. Roll'schen Eisenwerke in Solothurn, sowie die Lieferung der Theilkasten und Spuntröhren, welche von den Herren Bopp & Reuther in Mannheim am billigsten besorgt wurde. Nachdem sodann im Laufe des Monats Juni sämmtliche Detailpläne für Hochreservoir und Stadtröhren= netz durch den Unterzeichneten zur Vorlage gebracht und vom Gemeinderathe genehmigt waren, wurden auch die hierauf bezüglichen Arbeiten und Lieferungen in öffentlicher Submission aus= geschrieben. Die Ausführung des Stadtröhrennetzes wurde mit Vertrag d. d. 24. August 1874 wieder den Niederstbietenden, Herren Jahiet, Gorand, Lamotte & Cie. von Oettingen, jene des Hochreservoirs mit Vertrag d. d. 20. Juli 1874 dem Bauunternehmer Eduard Schlegel von Allmannsdorf, ebenfalls dem Niederstbietenden übertragen.

Selbstverständlich war auch bei Gelegenheit dieser Submissionen Seitens einzelner Firmen der Versuch gemacht worden, den Gemeinderath zu überzeugen, daß eine Vergebung des ganzen Wasserleitungs=Unternehmens in Generalentreprise an einen bewährten Uebernehmer das bequemste und sicherste Verfahren sei, obschon sich die Herstellungskosten in solchem Falle etwas höher belaufen würden; es ist deßhalb umsomehr anzuerkennen, daß die Gemeindever= waltung sich von diesen Eingebungen unbeeinflußt erhielt und der eigenen Bequemlichkeit das Interesse der Stadt nicht zum Opfer brachte. Ohne Mühe und Sorge zu scheuen befolgte der Gemeinderath den geraden Weg der öffentlichen Submission bei allen Vergebungen; er hatte dadurch während des ganzen Baues beschwerliche Verhandlungen und Erledigungen zu pflegen, dabei aber die innere Befriedigung, durch seine Aufopferung der Stadt viele Tausende von Gulden erspart zu haben.

Außer den angeführten, auf dem Submissionswege vergebenen Arbeiten blieben auf Antrag des Unterzeichneten jene Bauten für die Ausführung in Regie vorbehalten, welche be= sonderer Verhältnisse wegen im Voraus nicht genau präzisirt und veranschlagt werden konnten und bei welchen in Rücksicht auf bestehende Rechte ꝛc. Bedingungen zu erfüllen waren, auf die ein Unternehmer gewöhnlich nicht einzugehen pflegt. Hierunter befand sich in erster Reihe der Durchgang des Zuleitungsstranges unter dem Tunnel des Gewerbebaches an der Karthäuser= brücke; sodann sämmtliche übrigen Kreuzungen mit dem Gewerbsbache und der Dreisam, die ganze Wasserfassungs=Anlage, soweit sie nicht schon vollendet war, die Versitzgruben für die Abwasser der Spülschließen und Leerläufe, die Einsteigschachte zu der Rohrleitung, sowie die zu einer würdigen Ausstattung der sichtbaren Theile des Wasserwerks gehörigen decorativen Arbeiten.

Der Herr Oberbürgermeister war ermächtigt worden, in allen Fällen, bei denen Dringlichkeit vorlag, etwa abgeschlossene Handaccorde für die Ausführung zu genehmigen und überhaupt über die Anträge des Unterzeichneten behufs der in Regie zu bauenden Theile des Wasserwerkes zu beschließen, oder Beschlüsse des Gemeinderathes hervorzurufen. Auf diese Weise ward der Verkehr zwischen der Bauleitung und der Verwaltungsbehörde vereinfacht, was bei der großen zu bewältigenden Arbeit dringend wünschenswerth erschien, gleichzeitig wurde der Gemeindevorstand stets in genauer Kenntniß aller Vorkommnisse während des Baues erhalten.

Es mag hier noch die Bemerkung Platz finden, daß schon im Frühjahre 1874 die Angriffe der Localpresse auf das Unternehmen im Allgemeinen selten wurden; die Bürgerschaft hatte sich nach Herstellung der Quellenfassungen davon überzeugt, daß die Basis des Wasser= werkes eine gesunde sei und konnte dem Gemeinderath für die überaus große Vorsicht, mit welcher er den Bau in die Hand nahm, umsomehr dankbar sein, als die Vertragsabschlüsse für die Hauptbestandtheile des Werkes in eine Zeit fielen, in welcher die Preise für gußeiserne Rohre ꝛc. von der schwindelhaften Höhe der Jahre 1871 und 1872 bereits wieder auf das normale Maß herabgesunken waren. Das Abwarten der Ergebnisse der Wasserfassung hatte also außer der Sicherheit für die Grundlage des Unternehmens auch dessen billige Ausführung zu Folge, so daß, wie sich später ergeben wird, mit den bewilligten Mitteln weit mehr geleistet werden konnte, als nach dem Voranschlage beabsichtigt war.

Die ersten Arbeiten auf der Zuleitung bestanden in der Unterführung der Röhren= fahrt aus den Wiesen der Beurbarung an der Karthäuserbrücke durch den Tunnel des großen Gewerbebaches bis zu den Wiesen des Herrn Carl Mez; sie wurden in Regie ausgeführt. Der Tunnel leitet das, der Dreisam unmittelbar oberhalb der Brücke mittelst eines Stauwehres abgenommene Wasser unter dem Fuße des Hirzberges durch und läßt dasselbe bei den Wiesen des Herrn Carl Mez wieder zu Tage treten. Zwischen dem felsigen Vorsprunge des Hirzberges und der Dreisam liegt die Karthäuserstraße, gegen den Fluß durch eine ca. 4 Meter hohe Mauer abgegrenzt; die Trace der Hauptleitung folgt dieser Straße und durchschneidet demgemäß in schräger Linie den Tunnel am Haupteinlaß. In jedem Jahre wird der Gewerbekanal be= hufs seiner Reinigung auf einige Tage wasserfrei gemacht; während dieser in der Regel kurz bemessenen Zeit müssen alle in seinem Gebiete vorzunehmenden Arbeiten vollzogen werden. Im Jahre 1874 wurde der Beginn des Bachabschlages auf den 24. August festgesetzt, dessen Be= endigung auf den 31. August angenommen. Trotz der angestrengtesten, Tag und Nacht un= unterbrochen fortgeführten Arbeit war jedoch die Rohrleitung an dieser schwierigen Stelle nicht vor dem 1. September Abends 5 Uhr fertigzustellen; es mußte der Rohrgraben auf seiner ganzen Erstreckung in Felsen eingesprengt und dabei sehr viel Wasser bewältigt werden. Während dieser Zeit waren zwei weitere Kreuzungen mit dem Gewerbsbache, jene aus den Wiesen des Herrn Carl Mez nach der Karthäuserstraße führende und die an der sogenannten Heinrichsbrücke vollzogen worden. Es gelang, alle diese Röhrenfahrten dicht und correct ein= zubringen, was um so wichtiger war, weil ein etwa nöthiger weiterer Bachabschlag der Ge= meinde große Kosten verursacht hätte.

Nach Beendigung dieser Arbeiten stellte die Bauverwaltung noch den in Felsen zu sprengenden Rohrgraben zwischen den Wiesen des Herrn Carl Mez und der südlichen Leibung des Tunnels her, welche Arbeiten des beschränkten Raumes und der 4,5 Meter betragenden Grabentiefe wegen die Zeit bis zum 27. Oktober 1874 in Anspruch nahmen; sie sind jedoch nicht mehr im Taglohne, sondern im Handaccorde durch den Bauunternehmer Lurati ausge= führt worden.

Eine weitere, der Bauverwaltung vorbehaltene und sehr schwierige Arbeit war die

Durchführung der Rohrleitung unter der Sohle des Eschbaches, welcher unterhalb des Dorfes Ebnet in die Treisam mündet. Hier bestand die Sohle aus Geröll und es mußte deßhalb die Rohrleitung gegen die Unterspülungen der mächtigen Hochwasser dieses Wildbaches gesichert werden. Unmittelbar nach Beendigung der Arbeiten am Tunnel bei der Karthäuserbrücke wurde die Unterführung in Angriff genommen. Zwei Reihen eichene Pfähle von 0,18 Meter auf 0,18 Meter Querschnitt, 4—5 Meter lang, kantig bearbeitet und mit schweren eisernen Schuhen versehen, wurden eingerammt; sodann ist zwischen starken Zangen etwa auf die doppelte Breite des normalen Flußbettes flußaufwärts eine Spuntwand geschlagen worden. Endlich wurde die Rohrleitung auf ihrer ganzen Erstreckung mit den Piloten fest verbunden und in der Höhe der Flußsohle durch eine schwere eichene Bohlenlage gedeckt; die letztere ist mit den Zangenhölzern und den Piloten verschraubt bezw. zusammengenagelt. In der Mitte des Monates Oktober war auch diese Arbeit beendigt.

Inzwischen hatten sich die Uebernehmer des Zuleitungsstranges, die Herren Jahiet, Gorand, Lamotte & Cie. mit ihren Arbeiten nicht sehr beeilt. Die Rohrlieferungen trafen zwar pünktlich ein, aber die Inangriffnahme der Erdarbeiten wurde auffallenderweise verzögert; der Unternehmer der genannten Firma glaubte, in der Nähe der Stadt Freiburg die nöthige Mannschaft zu den Grabungen zu mäßigen Taglöhnen erhalten zu können, obschon er von dem Unterzeichneten auf das Unwahrscheinliche dieser Voraussetzung wiederholt verwiesen wurde. Ueber dem Suchen nach Arbeitern verging der herrliche Sommer und da Gefahr auf dem Verzug stand, veranlaßte die Bauleitung den Unternehmer von ihr beigestellte Mannschaft anzunehmen. So begann denn im September auch die Unternehmung ihre Grabarbeiten, zunächst auf den Wiesen der Beurbarung von der Karthäuserbrücke aufwärts gegen das Beurbarungswehr hin. Es war dieß keine leichte Aufgabe. Ueberall in den Rohrgräben hatten die Arbeiter mit dem Grundwasser zu kämpfen und bereits war die kühle Jahreszeit eingetreten, die in dem ohnehin rauhen Thale viele Leute krank machte; was bei der schweren Arbeit noch an Personal blieb, mußte verhältnißmäßig hoch bezahlt werden. Trotzdem muß anerkannt werden, daß es jetzt den Unternehmern angelegen war, vorwärts zu kommen. Sie nahmen auch die zweite schwierigere Abtheilung der Erdarbeiten, den Rohrgraben von der Kreuzung mit der Eschbach aufwärts bis zur Sammelanlage in Angriff, und ließen endlich im Anschlusse an die Arbeiten der Bauverwaltung an der Karthäuserbrücke die Strecke von da ab bis zur Papierfabrik des Herrn Flinsch zum Rohrlegen vorbereiten. Die letzte Abtheilung der Karthäuserstraße von der Fabrik des Herrn Flinsch bis zur Schwabenthorstraße durfte nicht aufgegraben werden, weil sonst die anstoßenden bedeutenden Gewerbe keinen Verkehrsweg mehr gehabt hätten, wenigstens so lange nicht, bis die Passage nach der Karthäuserbrücke wieder frei war. Die Zahl der täglich verwendeten Erdarbeiter stieg im Monate September auf 100, im Oktober auf 150 und betrug auch während der Monate November und Dezember 1874 nie weniger als 100 Mann. Trotz dieser Anstrengungen waren die Unternehmer nicht im Stande, auch nur eine der in Angriff genommenen Strecken bis zum Ende des Jahres 1874 fertig zu bringen; was in den Monaten Juni, Juli und August versäumt worden war, konnte nicht mehr eingeholt werden, obschon zur Erreichung dieses Zweckes weder Mühe noch Geldopfer gescheut wurden.

So waren denn zwar Ende 1874 sämmtliche in Regie zu bauenden Objecte auf der

Zuleitung fertig gestellt; dagegen hatte die Bauunternehmung nur einen kleinen Theil der Rohrleitung auf den Wiesen der Beurbarung, in der Karthäuserstraße und bei Ebnet voll- enden können.

In der Stadt selbst sind im Jahre 1874 keine Röhren gelegt worden; man durfte annehmen, daß dort das Rohrlegen wesentlich geringere Schwierigkeiten bieten werde, wie dieß denn auch in der That eingetroffen ist, und da der Vollendungstermin für das Stadtrohrnetz auf den 1. Januar 1876 gestellt war, lag es nicht im Interesse der Gemeinde, die den Verkehr so sehr belästigenden Aufgrabungen vor dem Frühjahre 1875 beginnen zu lassen.

Dagegen wurde der Bau des Hochreservoirs mit aller Energie in Angriff genommen. Die Baustelle für dieses Object liegt, wie aus dem Früheren bekannt, an dem westlichen Abhange des Schloßberges in unmittelbarer Nähe des Schwabenthores, unterhalb dem sogenannten Ka- nonenplatze. Von dem Schwabenthore aus führt ein Fahrweg über die Baustelle auf den Schloßberg mit einer mittleren Steigung von ca. 20 Prozent; von der Schloßbergstraße aus hatte die Gemeinde ein Grundstück acquirirt, welches an der Baustelle endigte und, zur Auf- nahme einer Verbindungsleitung bestimmt, dem Uebernehmer während des Reservoirbaues gleichzeitig die Gelegenheit bot, alle Baumaterialien mittelst Aufzugsvorrichtung in die Höhe fördern zu lassen. Man hatte als sicher angenommen, daß sich der Bauunternehmer dieses Hilfsmittels bedienen werde, obschon begreiflicherweise der Baubetrieb seinem Belieben überlassen werden mußte; gegen alle Erwartung zog aber Herr Schlegel vor, die ganze Massenförderung auf dem Fahrwege mit 20 Prozent Steigung mittelst Pferdekarren zu vollbringen.

Man kann sich einen Begriff von dieser Leistung machen, wenn man berücksichtigt, daß von dem Abtrage aus der Baugrube für das Hochreservoir 16178 Cubikmeter nach der verlängerten Marienstraße gefahren und das ganze, zur Herstellung von 3162 Cubikmeter Mauerwerk erforderliche Material (mit Ausnahme der wenigen, an Ort und Stelle gebrochenen und von der Bauleitung zur Verwendung zugelassenen Felsstücke) bergauf transportirt wer- den mußte.

Am 10. August 1874 begann der Unternehmer seine Arbeiten und bereits am 17. des gleichen Monates lief ein Gespann zum Transport des Aushubes nach der Marienstraße. Im August wurden 614, im September 3079, im Oktober 2740, im November 886 und im De- zember 470 Wagen abgefahren; das Fassungsvermögen eines Wagens bezw. die Ladung betrug im Mittel ca. 1,3 Cubikmeter.

Da Herr Schlegel mit den Maurerarbeiten nicht eher beginnen konnte, bis die Bau- grube vollständig hergestellt war, wurden ihm zur Beschäftigung seines Maurerpersonales ver- schiedene Handaccorde, wie die Herstellung der Einsteigschachte auf der Zuleitungsstrecke, einer Stützmauer am Schloßberge rc. übertragen; bei dieser Gelegenheit konnte er sich einen tüchtigen Stamm von Arbeitern für das so wichtige Reservoirmauerwerk heranziehen.

Nachdem im Vorstehenden ein Ueberblick über die im Jahre 1874 gefertigten Bau- arbeiten gegeben ist, erübrigt noch die Darstellung jener Vornahmen, welche Seitens der Bau- leitung zur Ermöglichung und zur Controle der sachgemäßen Ausführung erfolgten. Hierher gehört in erster Linie die Prüfung des zu den Rohrleitungen verwendeten Materiales und sodann die Anordnung der Vorsichtsmaßregeln zur Sicherung des correcten Alignements und

Nivellements der Rohrachsen. Sämmtliche Röhren und Façons wurden nach ihrer Anlieferung mit besonders zu dem Zwecke von der Gemeinde angeschafften Einrichtungen einer inneren hy= draulischen Pressung von 16 Atmosphären unterworfen; nur solche Stücke, welche bei dieser Probe gut befunden worden, durften zur Verwendung gelangen. Daburch, daß das gut be= fundene Material besonders bezeichnet und auf den Probirplätzen das Personal angewiesen war, kein anderes an die Arbeiter abzugeben, ist in erster Reihe die gute Ausführung gesichert worden. Außerdem aber durfte kein gelegter Rohrstrang zugedeckt werden, ehe derselbe nochmals im Rohrgraben einer Pressung von 8 Atmosphären mit Erfolg widerstanden hatte. Endlich war das zahlreiche Aufsichtspersonal angewiesen, das Zudecken der gut befundenen Rohrstrecken der strengsten Bewachung zu unterziehen, weßhalb diese Arbeit zunächst der ganzen Länge des fertigen Stranges nach bis auf die Höhe von 0,3 Meter über Oberkante des Rohres zu er= folgen hatte. Alignement und Nivellement der Röhren wurden auf das sorgfältigste vorge schrieben und auch eingehalten; da dieß in jenen Rohrgräben, in welche ein starker Grund= wasserzudrang stattfand, von besonderer Wichtigkeit, in der Regel aber für den Unternehmer sehr beschwerlich ist, erforderte die Ausführung eine unnachsichtige Strenge. Zur nachhaltigen Sicherung der Lage der Röhren auf der schwierigsten Baustrecke, von der Eschbach bis zur Sammelanlage, ist deßhalb jedes einzelne Rohr an zwei Stellen auf eine Querleiste gelegt, die rechts und links durch eingerammte eichene Pfähle gehalten wird; das Lager für die Unter= kante des Rohres wurde zuerst mit der Schnur auf der Leiste bezeichnet, sämmtliche Lager einer Strecke mit den Richtkreuzen einvisirt und durch eventuelles Nacharbeiten auf gleiche Höhe ge= bracht. Der Graben konnte sodann ohne Nachtheil für die ruhige Auflage des Rohres so weit vertieft werden, daß das Grundwasser unterhalb der Querleisten abfloß, ohne beim Vergießen der Muffen lästig zu werden; selbstverständlich ist der ganze Rohrstrang von der Eschbach thalaufwärts gelegt worden. Nach dem Eindecken des Stranges stellte sich das Grundwasser überall mindestens einen Meter höher, als die Holzunterlage, so daß dieselbe unvergänglich ist

Obschon die verlangte Pünktlichkeit für das Rohrlegerpersonal, insbesondere in den Wintermonaten im Grundwasser häufig Anlaß zu Arbeitseinstellungen ꝛc. bot, so soll hier doch anerkannt werden, daß die Unternehmer selbst stets willig den Anordnungen der Bauleitung Folge geleistet haben.

Was die Ausführung der Einsteigschachte, der Entwässerungsbohlen ꝛc. anbelangt, so wurde dieselbe, wie erwähnt, im Hauaccorde durch den Bauunternehmer Schlegel vollzogen; auch hiezu ist nur ausgesuchtes Material und der Bestimmung der Bauwerke angepaßte Arbeit zugelassen worden.

Der Termin für die Fertigstellung der Zuleitung von den Quellen nach der Stadt war auf den 1. Mai des Jahres 1875 vertragsmäßig festgesetzt und in der That konnte be= reits am 8. Mai 1875 ein in dem Garten der Herren Gebrüder Stolz provisorisch errichteter Springbrunnen an die Leitung angeschlossen und, wie wohl anzunehmen gestattet ist, zu großer Freude der Bürgerschaft, in Thätigkeit gesetzt werden. Die Herren Jahiet, Gorand, Lamotte & Cie. hatten Nichts versäumt, um zu diesem Resultate zu gelangen; sie steigerten die Zahl der täglich beschäftigten Arbeiter im Januar 1875 auf 140 und erhielten sie auf dieser Höhe bis zur Vollendung ihrer Aufgabe. Die Rohrstrecke von dem Beurbarungswehr bis zur Dreisambrücke bei Ebnet wurde im Januar begonnen und im Februar vollendet, trotzdem daß die Gräben größtentheils in Felsen gesprengt werden mußten; in der gleichen Zeit war auch der Röhren= strang über die Wiesen der Beurbarung fertig geworden. Im Monat März erfolgte der An= schluß des von den Quellen abgehenden Rohrstranges an den Theilkasten bei der Ebneter Dreisambrücke, während gleichzeitig in der Karthäuserstraße gegen die Stadt hin gearbeitet wurde; auch hierbei gab es noch große Hindernisse durch unvorhergesehenes Vorkommen von Felsen und Wasser. Im April endlich wurde der zwischen Schwabenthorstraße und Heinrichsbrücke gelegene Theil der Karthäuserstraße mit der Rohrleitung versehen und damit die Hauptzulei= tung beendigt.

Auf Blatt 1 und 4 ist das Alignement und Nivellement dieser Röhrenleitung darge= stellt und hiezu noch Folgendes erläuternd beizufügen. Von der Sammelanlage abwärts liegt auf die ersten 400 Meter ein doppelter Röhrenstrang in Rücksicht auf die spätere Erweiterung des Wasserwerkes; ebenso beim Durchgange unter der Eschbach und unterhalb der Karthäuser= brücke vom Tunnel bis zu den Mez'schen Wiesen. Die Felsensprengarbeiten sind überall für den doppelten Rohrstrang ausgeführt worden. Unterhalb der Kreuzung mit der Eschbach be= findet sich ein Grundablaß in der Leitung mit zwei an einem Theilkasten angebrachten Absperr= schiebern; damit kann der Zufluß von den Quellen abgesperrt oder der Dreisam zugeleitet werden. Eine gleiche Einrichtung befindet sich in der Karthäuserstraße bei der Kreuzung des Rohrstranges mit dem Leerlaufgraben des Gewerbebachs; hier kann die Verbindung mit dem Hochreservoir und dem Stadtrohrnetz einerseits aufgehoben und anderseits der Zuleitungsstrang bis zur Dreisambrücke bei Ebnet entleert werden. Längs der ganzen Erstreckung des Haupt= stranges endlich sind Luftpumpen angebracht, um beim Anlassen der Leitung die Ausleerung der Luft rasch bewirken zu können.

Am Hochreservoir ist in den eigentlichen Wintermonaten des Jahres 1875, also im Januar und Februar, keine erfolgreiche Fortsetzung der Arbeiten möglich gewesen, weil die Witterung den Verkehr mit den Fuhrwerken nicht erlaubte. Der Unternehmer beschränkte sich darauf, für die rechtzeitige Anlieferung der Mauersteine und des Kalkes zu sorgen und gewann einen Theil des zum Mauerwerk nöthigen Sandes aus dem, ihm zur Ausbeutung überlassenen Dreisambett. Sodann wurde ihm, wie schon erwähnt, auch die Ausführung einer Stützmauer zum Schutze des Weinberges des Waisenrichters Haas übertragen, für welche Arbeit im Winter die Steine zur Sichtfläche vorgerichtet worden sind. Die Jahreszeit brachte es mit sich, daß bei den nothwendig steilen Böschungen der Baugrube und dem Umstande, daß die Anlagerungen an den Felsen zumeist aus dem Bauschutte der alten Festungswerke bestunden, viel Einsturz in die Baugrube stattfand.*) Es wäre also auch gefährlich gewesen, die Arbeiten im Winter fortzusetzen, da sich die über Nacht festgefrorenen Massen unter dem Einflusse der am Tage auftretenden Wärme oft ganz unvermuthet ablösten. Erst im April begann der regelrechte Fortbetrieb der Erdarbeiten bezw. der Felsensprengungen zur Herstellung der Fundamentsohle; April, Mai und Juni vergingen, bis die Baugrube planmäßig ausgehoben war. Der Ge=

---

*) In dem Bauschutte fanden sich noch viele gefüllte und hohle Bomben und Granaten, auch Voll= kugeln, Münzen, Geräthschaften u. dgl. m.

meinberath hatte in gerechter Würdigung aller Hindernisse dem Uebernehmer eine entsprechende Terminverlängerung für die Fertigstellung des ganzen Bauwerkes bewilligt; doch wurde bereits damals erkannt, daß die von Herrn Schlegel bei der Anbietung geforderten Preise nicht aus= reichten, um seine Ausgaben zu decken. Da Herr Schlegel selbst über bedeutende Mittel nicht verfügte und außerdem noch viel Unglück mit seinen Pferden hatte, brachte die sichere Aussicht auf die Unmöglichkeit, trotz aller ohne Schädigung der städtischen Interessen denkbaren Zuge= ständnisse des Gemeinderathes, seinerseits den Bau zu vollenden, einige Störung in den Vertragsvollzug.

Die Aufmauerung der Fundamente des Reservoirs begann am 1. Juli mit Bruchsteinen aus rothem Sandstein, hydraulischem Kalk von Bruchsal und Dreisamsand; das zur Mörtel= bereitung erforderliche Wasser wurde bereits aus der neuen Leitung bezogen. Die Steine waren von vorzüglicher Qualität, Findlinge aus der Gegend von Bleichheim und Wagenstabt. Schon im August 1875 konnte der Unternehmer seine Zahlungsunfähigkeit nicht mehr verbergen und im September erfolgte das Concursverfahren. Die Stadtgemeinde erlitt zwar dadurch einen materiellen Schaden nicht, weil der Bürge und Selbstschuldner des Accordanten, Herr Johann Wöhrle von Hornberg, zu der Fortsetzung der unterbrochenen Arbeiten angehalten werden konnte, und dieser selbst über ausreichende Mittel verfügte; doch sind dem Gemeinderathe in Folge dieses Concurses außerordentlich viele beschwerliche und verantwortungsvolle Schritte zur Last gefallen. Es würde zu weit führen, den Verlauf aller dieser Verhandlungen und Maßnahmen hier mitzutheilen; das Resultat war, wie erwähnt, eine in solchen Fällen seltene glückliche Lösung aller im Verfolge des Concurses erwachsenen Schwierigkeiten ohne jegliche Schädigung der Gemeindeinteressen. Herr Wöhrle nahm bereits am 20. September 1875 die Fortführung des Baues in die Hand und es gelang mit Aufgebot aller Kräfte bis zum 2. De= zember die Einwölbungen des Reservoirs zum größten Theile zu vollenden; die Gewölbe wurden dann auch sofort mit Erde gedeckt zum Schutze gegen Frost. Man kann demgemäß den Rohbau des Reservoirs im Wesentlichen als im Jahre 1875 zu Stande gekommen betrachten.

Am 29. April 1875 ist mit Herstellung des Stadtrohrnetzes begonnen worden und hatten hierbei die Unternehmer den großen Vortheil, die einzelnen Stränge direkt aus dem Druckrohr zu füllen und zur Probe vorzubereiten. Es wurden nemlich auch hier sämmtliche gelegten Rohrstränge einem Probedrucke von 8 Atmosphären unterworfen, ehe sie zugedeckt werden durften; die Bestandtheile derselben, also Röhren, Façons, Schieber, Theilkasten ꝛc. waren sämmtliche auf dem Lagerplatze probirt und vor ihrer Verabfolgung gezeichnet worden. Die für die Aufnahme der Theilkasten und Schieber an den Hauptleitungen bestimmten Schachte hatte der Gemeinderath auf dem Submissionswege an den Niederstbietenden Maurermeister Ochsner vergeben; sie wurden stets so gebaut, daß ihre Herstellung dem Legen der Rohre un= mittelbar vorherging. Das ganze Stadtrohrnetz ist zu dem vertragsmäßigen Termine fertig gestellt worden; zur Uebersicht dieser äußerst umfangreichen Arbeit sei es gestattet, die Haupt= dimensionen derselben anzugeben. Es wurden verlegt:

1. **Röhren von 450 Millimeter Lichtweite.**
Von dem Haupttheilpunkte am Schwabenthore durch die Schloßbergstraße über den Karls= platz bis zum Theilkastenschachte in der Kaiserstraße beim Siegesdenkmal 884 Meter.

2. **Röhren von 250 Millimeter Lichtweite.**

Von dem Haupttheilpunkte am Schwabenthore durch die Salzstraße bis zum Theil=kastenschachte am sogen. Fischbrunnen.

Von dem Haupttheilpunkte am Schwabenthor durch die Schwabenthorstraße und Drei=samstraße bis zur eisernen Brücke über die Dreisam am botanischen Garten, im Ganzen 1424 Meter.

3. **Röhren von 180 Millimeter Lichtweite.**

Von dem Theilkastenschachte an der eisernen Dreisambrücke durch die Dreisamstraße, Wilhelmstraße, Bahnhofstraße und Friedrichstraße bis zum Theilkastenschachte am Siegesdenkmal, im Ganzen 1693 Meter.

4. **Röhren von 150 Millimeter Lichtweite.**

Von dem Theilkastenschachte am Fischbrunnen in der Kaiserstraße durch die Berthold=straße bis zum Theilkastenschachte an der Bahnhofstraße.

In der Zähringerstraße, Kaiserstraße und Günersthalstraße von der Stadt Wien bis zum Abgang der Lorettostraße, im Ganzen 4499 Meter.

5. **Röhren von 120 Millimeter Lichtweite.**

Von dem Theilkastenschachte in der Salzstraße bei Oberlinden durch die Herrenstraße und Karlsstraße bis zur Ludwigsstraße.

Von der Belfortstraße durch die Werderstraße über den Rotteckplatz, den Fahnenberg=platz und die Katharinenstraße bis zur Spitalstraße.

Von der Dreisamstraße über die Brücke am botanischen Garten durch die Kronenstraße bis zum Abgang der Haslacherstraße, im Ganzen 1564 Meter.

6. **Röhren von 90 Millimeter Lichtweite.**

In der Adelhauserstraße.

In der Bahnhofstraße auf dem Anlagen=Wege von der Bertholdstraße bis zur Friedrichstraße.

In der Belfortstraße von der Wilhelmstraße bis zur Kaserne und von dort bis zur Kaiserstraße.

In der Bernhardstraße vom Karlsplatz bis zur Kaiserstraße.

In der Burgstraße von der Herrenstraße bis zur Schloßbergstraße.

In der Convictstraße von der Burgstraße bis zur Salzstraße.

In der Eisenbahnstraße vom Bahnhof bis zur Kaiserstraße.

In der Eisenstraße vom Münsterplatz bis zur Schusterstraße.

In der Engelstraße von der Kaiserstraße bis zur Herrenstraße.

In der Franziskanerstraße von der Kaiserstraße bis zur Merianstraße.

Am Franziskanerplatz von der Eisenbahnstraße bis zur Merianstraße.

In der Gartenstraße von der Dreisamstraße bis zur Rempartstraße.

In der Gauchstraße von der Merianstraße bis zur Kaiserstraße.

In der Gerberau vom Schwabenthore bis zum Martinsthore.

In der Grünwälderstraße von der Kaiserstraße bis zum Theaterplatz.

In der Hebelstraße von der Friedrichstraße bis zur Albertstraße.

In der Insel von der Wallstraße bis zur Adelhauserstraße.
Am Karlsplatz.
In der Löwenstraße von der Peterstraße bis zur Kaiserstraße.
In der Ludwigstraße von der Kaiserstraße bis zur Stadtstraße nach Herbern.
In der Luisenstraße von der Dreisamstraße bis zum Viehmarktplatz.
In der Marienstraße von der Dreisamstraße bis zur Adelhauserstraße.
In der Merianstraße vom Rathhaus bis zur Albertstraße.
In der Moltkestraße von der Wilhelmstraße bis zur Bertholdstraße.
Am Münsterplatz von der Herrenstraße bis zum Waisenhaus.
In der Münsterstraße vom Münsterplatz bis zur Kaiserstraße.
In der Niemenstraße von der Kaiserstraße bis zur Bertholdstraße.
In der sogen. alten und neuen Nußmannsstraße.
In der Peterstraße von der Niemensstraße bis zur Löwenstraße.
In der Rempartstraße von der Kaiserstraße bis zur Blumenstraße.
In der Rheinstraße von der Kaiserstraße bis zur Hebelstraße.
In der Ringstraße vom Fahnenbergplatz bis zur Merianstraße und von der Friedrich-
straße bis zur Kaiserstraße.
In der Schiffstraße und Unterlinden von der Kaiserstraße bis zum Rotteckplatz.
In der Schusterstraße von der Kaiserstraße bis zur Herrenstraße.
In der Sedanstraße von der Werderstraße bis zur Wilhelmstraße.
In der Albertstraße von der Kaiserstraße bis zum neuen Friedhof.
Am Theaterplatz.
In der Thurmstraße vom Rotteckplatz auf den Franziskanerplatz.
In der Universitätsstraße vom Franziskanerplatz bis zur Niemensstraße.
Am Holzmarktplatz.
In der Wallstraße.
In der Wasserstraße von der Merianstraße bis zur Kaiserstraße.
In der Weberstraße von der Merianstraße bis zur Kaiserstraße.
In der Stadtstraße nach Herbern durch Herbern bis zur Stadt Wien (an der Zähringerstraße).
In der Baslerstraße von der Güntersthalstraße bis zur Kirchstraße.
In der Dreikönigstraße von der Thalstraße bis zur Schwarzwaldstraße.
In der Haslacherstraße bis zu den Häusern der gemeinnützigen Baugesellschaft.
In der Kirchstraße.
In der oberen Langestraße.
In der Thalstraße.

Zusammen 15847 Meter.

Hieraus dürfte auf das Deutlichste hervorgehen, daß weit mehr als die nach dem
Voranschlage vom Jahre 1872 in Aussicht genommenen Leitungen zur Ausführung gelangt
sind. Aus dem angeschlossenen Stadtplan, Blatt 6, in welchem sämmtliche auch inzwischen
gefertigte Rohrstränge eingezeichnet sind, geht im Vergleich mit den ebengenannten Strecken
hervor, wie das Röhrennetz in den Jahren 1877 und 1878 erweitert wurde.

Besondere Schwierigkeiten traten der Ausführung des Stadtrohrnetzes nur an einzelnen wenigen Stellen entgegen; hierher gehören die Kreuzungen mit dem Gewerbsbache: in der Kaiserstraße bei der Fischerau, am Alleegarten, am Rottecksplatz und in der Friedrichstraße und Albertstraße. Sodann verursachten die Ueberreste der alten Festungswerke beim Martins=thor, beim Siegesdenkmal und an der Stelle, an welcher der sogenannte Katzenthurm gestanden hatte einigen Aufenthalt. Im Uebrigen nahmen die Arbeiten einen ganz normalen Verlauf.

Bei den getroffenen Vorsichtsmaßregeln gehörten auch Röhrenbrüche zu den Selten=heiten und ist eigentlich nur ein belangreicher Fall, in der Schloßbergstraße, zu verzeichnen; er war verursacht durch eine incorrekte Unterstützung der Röhren in beweglichem Boden und richtete nicht unerhebliche Beschädigungen in den Kellern der benachbarten Gebäude an. Selbst=verständlich hatten die Herren Jahiet, Corand, Lamotte & Cie für den Ersatz des Schadens aufzukommen.

Der für das öffentliche Interesse wichtigste Theil der Wasserleitung, die Feuerlösch=Einrichtungen, wurde mit besonderer Sorgfalt behandelt. Die freiwillige Feuerwehr Freiburg's auch in weiteren Kreisen bekannt durch ihre vortreffliche Organisation und Leistungsfähigkeit, schien dem Gemeinderathe in erster Reihe berufen, bei der Auswahl des zu benutzenden Hy=brantensystems sowohl als auch bei der Bestimmung der Stellen, an welchen Hydranten an=zubringen waren, das entscheidende Wort zu sprechen. Es wurde zu diesem Zwecke dem Commandanten der Feuerwehr, Herrn Thoma in Gemeinschaft mit andern Sachverständigen sowohl die Prüfung des von dem Unterzeichneten vorgeschlagenen Hydranten als auch die Ver=gleichung anderer bereits längere Zeit gebrauchter Systeme überlassen; die Feuerwehr bestimmte ferner in jedem einzelnen Falle den Platz für die Hydranten. Diesem correcten Verfahren ist es zu danken, daß seit dem Bestehen der neuen Wasserleitung keinerlei Beschwerden gegen die Einrichtung laut geworden sind; daß vielmehr bei jeder Veranlassung, in welcher man, sei es zu Uebungszwecken oder, was leider auch nicht erspart blieb, im Falle der Noth die Hydranten benützen mußte, die Zweckmäßigkeit der getroffenen Disposition sich Anerkennung verschaffte. Das angewendete System hat inzwischen auch anderwärts Verwendung gefunden, z. B. bei den von dem Unterzeichneten erbauten Wasserleitungen in Baden, in Zell im Wiesen=thal u. s. w. und ist im Handel verbreitet. Aus dem Plan 6 ist die Stellung der Hydranten ersichtlich; die Zahl derselben, ursprünglich auf 130 bestimmt, wurde schon im Jahre 1875 auf mehr als 200 vermehrt und beträgt gegenwärtig ca. 400 Stück.

Das Stadtröhrennetz ist nach dem Circulationssystem erbaut. Jeder einzelne Röhren=strang für sich kann abgestellt und entleert werden, ohne daß die übrigen Leitungen in ihrer Function gestört werden. Bei den Rohrweiten von 120 Millimeter an aufwärts erfolgt die Entleerung aus den Theilkasten, welche an allen Kreuzungspunkten der Hauptstränge errichtet sind; die Stränge dritter Ordnung haben je an ihrem tiefsten Punkte eine besondere Ablaß=vorrichtung. Die Bodenbeschaffenheit der Stadt Freiburg gestattete die Ableitung des Wassers der Leitungen in Versitzgruben und münden deßhalb auch überall die Entleerungsleitungen in solchen Gruben aus. Die letzteren sind kreisrund mit einer Lichtweite von 1,2 Meter und in der Regel 6—10 Meter tief; die Art der Entwässerung hat vor der Ausleerung in Canäle den großen Vorzug, daß das Wasser der Leitung niemals mit der gesundheitsschädlichen

Canalluft in Berührung kommt, also auch von dieser Seite her niemals ungünstig beeinflußt werden kann.

Die Handhabung der Absperrvorrichtungen an dem Stadtrohrnetze ist endlich leicht und sicher zu bewerkstelligen. Während für alle Kreuzungen von Hauptleitungen (Lichtweite von 120 Millimeter und darüber) die Mechanismen in gemauerten zugänglichen Schachten liegen, die Schieber mit Handrädchen und die Theilkasten mit leicht beweglichen Luftschrauben versehen sind, liegen die Enden der Schlüsselstangen für die kleineren Schieber unmittelbar unter dem Pflaster bezw. der Chaussé und haben zum Schutz gegen äußere Angriffe eine Straßenkappe mit einfachem Verschluß. Die Straßenkappen sind leicht zu finden, weil sie mit besonderem Pflaster, auch auf chaussirten Straßen, gezeichnet bezw. eingefaßt sind; die Einfassung ist andererseits wieder ein wirksamer Schutz gegen die Angriffe der Fahrzeuge.

Während die oben erwähnten Ablaßvorrichtungen auch den Zweck von Spülschließen versehen, indem bei voller Oeffnung derselben der Wasserstrom in den Röhren eine hohe Geschwindigkeit annimmt und die Leitung von den unvermeidlichen Ablagerungen befreit, wird für die Erhaltung der Frische des Wassers und die stetige Erneuerung beßelben in den Röhren in erster Linie durch die tiefe Lage der Leitung (2 Meter Erdüberdeckung) und den starken Privatconsum gesorgt. Eine weitere wirksame Circulation des Wassers im Rohrnetze ist durch die verschiedenen öffentlichen und privaten Springbrunnen hervorgebracht; in der That ist es irrig, wenn man glaubt, daß die letzteren lediglich Luxuszwecken dienen. Je mehr dergleichen Objecte spielen, um so intensiver wird ihr wohlthätiger Einfluß auf die stetige Erneuerung des Wasserinhaltes der Röhren durch Zufluß von den Quellen her sich geltend machen. Selbstverständlich darf jedoch die Anwendung der Springbrunnen über ein gewisses Maß hinaus nicht getrieben werden, wenn anders der Hauptzweck der Wasserversorgung nicht alterirt werden soll, der in erster Reihe in Befriedigung des häuslichen und gewerblichen Wasserbedarfes der Einwohnerschaft besteht.

Die, gleichzeitig mit Erstellung des Stadtröhrennetzes vorgenommenen Einrichtungen von Privatleitungen sollen hier nur insofern erwähnt werden, als sie auf dem städtischen Eigenthum für alle Zeiten einen Bestandtheil des Stadtrohrnetzes bilden und auch größtentheils auf Kosten der Stadt aus überschüssigen Mitteln des Baufonds bestritten wurden, soweit sie auf dem Gebiete der Stadt liegen.

Mit Ausnahme des Hochreservoirs und einiger nothwendiger Erd- und Planir-Arbeiten, Pflästerungen 2c. war zu Ende des Jahres 1875 das Wasserwerk in der Hauptsache beendigt; es war nicht nur in diesem Jahre das Wasser schon von einem großen Theile der Einwohnerschaft benützt worden, sondern der Betrieb konnte gegen Ende beßelben so regelmäßig erfolgen, daß die Erhebung der Wasserzinse vom 1. Januar 1876 ab zum Vollzug kam. Es sind damit die Verheißungen des Gemeinderathes in Bezug auf die Vollendungszeit des Baues im Wesentlichen erfüllt worden.

In Rücksicht darauf, daß bei der bedeutenden, vom Zuleitungsrohr nach der Stadt geführten Wassermenge und dem erst in der Entwicklung begriffenen öffentlichen und Privatconsum die Nothwendigkeit des Reservoirs nicht dringlich erschien, glaubte der Gemeinderath den Bürgen des Unternehmers Schlegel auch nicht mehr als erforderlich drängen zu sollen;

auch konnte es dem Reservoirmauerwerk nur zuträglich sein, wenn die hieran vorzunehmenden Arbeiten auf den Sommer verschoben wurden. Es wurde beßhalb vom 11. Dezember 1875 bis Mitte Februar 1876 an dem Hochreservoir nichts gearbeitet; erst Mitte Februar wurde Herrn Wöhrle aufgegeben, die Baugrube zu reinigen, einige kleinere Vollendungsarbeiten an den Gewölben fertig zu machen und die letzteren zu überfüllen. Der Unterzeichnete legte großen Werth darauf, daß gerade in der nassen Jahreszeit die volle Erdbelastung auf die Deckengewölbe komme, um den definitiven Gleichgewichtszustand zwischen Pressung im Mauer= werk und Druck von Außen herbeizuführen; der Bau war auch in Folge dessen im Sommer des Jahres 1876, wie man sich ausdrückt, vollkommen zur Ruhe gelangt.

Inzwischen war der Zufahrtsweg zum Reservoir durch die im April auf demselben begonnene Rohrlegung unfahrbar geworden; Herr Wöhrle mußte beßhalb in seinem eigenen Interesse dafür sorgen, daß alle zur Vollendung des Reservoirs nöthigen Baumaterialien vor Beginn dieser Rohrlegung auf die Baustelle geschafft wurden und beschäftigte sich mit diesen Vornahmen in zufriedenstellender Weise.

Die wichtigste Arbeit am Hochreservoir war die Dichtung der Wände und der Sohle und die nothwendigste Vorbedingung für den correcten Vollzug dieser Arbeit reine Flächen. Der Gemeinderath ermächtigte beßhalb die Bauleitung, das Auskratzen der Fugen und das Abwaschen der Flächen an den mit Cementmörtel zu verkleidenden Wänden des Hochreservoirs in Regie zu betreiben. Es muß hier bemerkt werden, daß das Bauwerk im Innern weder eine Verkleidung mit hartgebrannten, in Cementmörtel gesetzten Backsteinen, wie dieß ander= wärts üblich ist, noch eine Sichtfläche hat, für welche man eine besondere Aufbesserung zu be= zahlen pflegt; der Wandverputz ist lediglich auf das rauhe Mauerhaupt von gewöhnlichem in hydraulischem Mörtel ausgeführten Bruchsteinmauerwerk aufgetragen. Eine derartige Aus= führung ist nun zwar eine große Ersparniß, verlangt aber eine peinliche Gewissenhaftigkeit in Bezug auf reine Mauerflächen. Die Fugen des Mauerwerks wurden mit besonders gefertigten Kratzeisen so tief als möglich von allem nicht vollkommen hart gewordenen Mörtel befreit und hierauf sämmtliche Innenflächen auf das Sorgfältigste mit Wurzelbürsten und Wasser gewaschen; sodann ließ man Wände und Pfeiler ein bis zwei Monate austrocknen.

Die Bétonage der Sohle konnte in dem vollständig überwölbten Reservoir ohne Rück= sicht auf die Außentemperatur vollzogen werden und wurde beßhalb auf der sauber gewaschenen Felsensohle der Baugrube bereits am 22. April 1876 begonnen. Herr Wöhrle hatte, sehr im Interesse einer soliden Ausführung, sowohl Bétonage der Sohle als auch Wandverputz dem Cementwaarenfabrikanten Krems von Freiburg in Unteraccord gegeben. Der Wandverputz und Sohlenverputz war am 23. Juli 1876 in der ersten Hauptabtheilung beendigt und bereits am 29. Juli wurde diese Abtheilung mit Wasser gefüllt und ihre vollkommene Dichtigkeit con= statirt. Im August 1876 ist sodann auch die andere Reservoir=Abtheilung vollendet und gut befunden worden und war damit das Hochreservoir betriebsfähig. Der Unterzeichnete sieht sich veranlaßt, an dieser Stelle die untadelhaft schöne Arbeit des Herrn Krems umsomehr her= vorzuheben, als die dafür gezahlten Preise noch von der Anbietung des Herrn Schlegel her= rührten und jedenfalls knapp die Kosten der Ausführung gedeckt haben.

Mit Vollendung dieser Arbeiten hatte auch Herr Wöhrle seine, von Schlegel auf ihn übergegangenen Vertragsverbindlichkeiten erfüllt. Der Gemeinderath hat später diesem schwer geprüften Manne in Anerkennung seiner stets großen Bereitwilligkeit und in Rücksicht auf die enormen Vermögensnachtheile, welche ihm aus der Schlegel'schen Bürgschaft erwachsen sind, eine Summe von 4000 Mark gutthatsweise bewilligt; sie wurde dankbar angenommen.

In der Zeit von Anfang Januar bis 16. Juni 1876 sind auch die äußerst schwierigen Rohrlegungsarbeiten zur Verbindung des Reservoirs mit dem Stadtrohrnetze und der Zuleitung vollzogen worden. Sofort nach Beendigung derselben erfolgte die Wegcorrection, verknüpft mit der Ausführung der großen Stützmauer von den Reben des Herrn Waisenrichter Haas bis zu jenen des Herrn Glaser Tischler. Die letzte Arbeit war an den Bauunternehmer Lurati vergeben und wurde als Trockenmauer in gelben Pfaffenweiler Steinen hergestellt; leider ist dabei durch einen starken Regenguß mangels gehöriger Aufmerksamkeit Seitens des Unternehmers ein Theil eingestürzt und mußte wieder neu aufgeführt werden. Endlich wurde der sichtbare Theil des Reservoirs, der Vorbau, in welchem sich die Einlaufschieber und das Standrohr befinden, mit einer architektonisch ausgebildeten Façade geschmückt, die von dem Stadtrath Jäger entworfen ist und deren Bau speziell unter der Leitung dieses Herrn erfolgte. Mit den verschiedenen Erd= und Planir=Arbeiten, den Einfriedigungen, Wegherstellungen, hauptsächlich aber mit der Anpflanzung über dem Reservoire verging sodann noch erhebliche Zeit, so daß ein Theil dieser Arbeiten auf das Jahr 1877 fällt; da sie jedoch wesentlich mit dem Zwecke des Bauwerkes nicht zusammenhängen, sondern mehr zur Annehmlichkeit des Publikums dienen, können dieselben hier einer eingehenden Beschreibung nicht unterzogen werden. Es sei deßhalb nur bemerkt, daß gegenwärtig der Platz über dem Reservoir zu den an= muthigsten Aussichts= und Ruhepunkten des herrlichen Schloßberges gehört und daß über den Gewölben des Reservoirs unter andern schönen Bäumen auch die „Kaiserlinde" gepflanzt ist.

Der Zweck des Reservoirs wird heute allgemein anerkannt und erübrigt hier nur noch unter Bezugnahme auf Blatt 5 der angehefteten Skizzen den Gebrauch der Einrichtung zu verdeutlichen. Das Reservoir ist an zwei Stellen mit dem Stadtröhrennetze verbunden:

1. An dem Haupttheilpunkte beim Schwabenthore.
2. In der Schloßbergstraße.

Die erste dieser Verbindungen ist in der Regel im Gebrauche, während die zweite für den Fall vorgesehen werden mußte, daß die Zuleitung von den Quellen her nicht zu benützen und demgemäß die ganze Stadt lediglich aus dem Reservoir zu speisen ist. Der letztgenannte Fall tritt ein bei einem Rohrbruche auf der Zuleitung oder bei vorzunehmenden Anschlüssen an dieselbe, also bei der Nothwendigkeit ihrer Entleerung; bei correcter Behandlung der Anlage müssen dabei 3 Schieber geschlossen werden: jener am Haupttheilpunkt beim Schwabenthor und die zwei Einlaufschieber im Vorbau. Geschieht dieß nicht, so tritt selbstverständlich eine rasche Entleerung des Inhaltes vom Hochreservoir ein.

Ohne Rücksicht auf diesen Ausnahmsfall, also bei regelmäßigem Betriebe wird das Wasser von den Quellen her sogleich beim Haupttheilpunkte am Schwabenthor an das Stadt= röhrennetz abgegeben. Wird in der Stadt weniger gebraucht, als die Zuleitung liefert, so fließt der Ueberschuß in das Reservoir; wird mehr gebraucht, so gibt das letztere von seinem Ueberschusse ab. Es ist deßhalb wahrzunehmen, daß während der Nacht, also bei geringem

Confum, gewöhnlich ein Ueberlaufen des Hochbehälters stattfindet; am Tage, bei starkem Verbrauche, wird der Wasserspiegel abwechselud in steigender und sinkender Bewegung sein und selten die Höhe des Ueberlaufes erreichen. Die Leitung für Ueberlauf und Leerlauf ist in der beigegebenen Zeichnung schwarz gedruckt; der Ueberlauf erfolgt durch die, neben der Trennungsmauer beider Hauptabtheilungen angebrachten Röhren, während der Leerlauf jeder einzelnen Abtheilung des Reservoirs für sich durch Oeffnen des unmittelbar am Eingange in die Abtheilungen gelegenen Schiebers bewirkt werden kann. Der Leerlauf wird erforderlich, wenn das Reservoir zu reinigen ist; müssen beide Abtheilungen des Reservoirs gleichzeitig gereinigt werden, so bildet das im Vorbau angebrachte Standrohr den Regulator für den Druck im Stadtrohrnetze und ein etwaiger Ueberlauf kann sich von diesem aus vollziehen. Ueberlauf und Leerlauf ergießen sich in den Gewerbsbach beim Walbschütz'schen Garten.

Man kann sich also in allen Fällen leicht helfen und wird bei verständiger Benützung der vorhandenen Einrichtung niemals in Verlegenheit kommen.

Die östliche, nördliche und südliche Wand des Hochreservoirs lehnt sich unmittelbar an die Felsen des Schloßberges an, bezw. ist mit diesen verbunden; die Mauerstärken sind deßhalb unregelmäßig, die ganze Mauer bildet gewissermaßen nur eine Verkleidung. Die westliche Abschlußmauer des Reservoirs dagegen steht frei und erhielt, dem Wasserdrucke von eventuell 5 Meter Höhe entsprechend eine Stärke von 2 Meter mit vorgesetzten Pfeilern. Die Gewölbe ruhen auf durchbrochenen Zwischenpfeilern von 1,2 Meter Stärke, sodann auf der Trennungsmauer zwischen den beiden Hauptabtheilungen des Reservoirs und den Umfassungsmauern. Die Scheitelstärke eines Gewölbes beträgt 0,45 Meter, die Sprengweite 5,4 Meter, die Erdüberdeckung 2 bis 2,5 Meter. Sämmtliches Mauerwerk besteht aus Bruchsteinen, die mit hydraulischem Mörtel verbunden sind. An der nordöstlichen Ecke des Reservoirs mußte die Reservoirmauer erheblich verstärkt werden, um dem Seitendrucke einer im Gleiten begriffenen Felsrutsche Widerstand zu leisten; selbstverständlich ist deßhalb der Inhalt der nördlichen Hauptabtheilung geringer geworden, als jener der südlichen. Das ganze Reservoir faßt ca. 4 Millionen Liter Wasser; es ist zugänglich durch einen gewöhnlichen Einsteigeschacht und ventilirt durch 8 Luftcamine, die in gleicher Weise wie jenes am Brunnen erbaut sind und ca. 1 Meter über die Bodenoberfläche hinausreichen. Die Gefahr der Verunreinigung des Reservoir-Inhaltes durch diese Camine ist vollständig abgehalten.

Zur Erhaltung der Reinheit der Terrain-Oberfläche in der Nähe der Sammelanlage in Ebnet hatte die Gemeinde das ganze, den Brunnen und die Sammelcanäle berührende Areal an Wiesen käuflich erworben. Selbstverständlich war dasselbe durch die umfangreichen Grabarbeiten verdorben worden und der Gemeinderath hatte sich die Frage vorgelegt, ob dieses Terrain wieder cultivirt und in welcher Weise diese Cultur angelegt werden soll. Man entschied sich nach eingehender Erwägung aller einschlägigen Verhältnisse für Beibehaltung der früheren Wiesencultur mit der Einschränkung, daß das unmittelbar um den Sammelbrunnen herum gelegene Gelände mit einer Baumpflanzung versehen werden solle, wie dieselbe auf Plan 2 angedeutet ist.

Herr Culturingenieur Kerler von Freiburg fertigte den Plan für die vorzunehmenden

Arbeiten, die im Laufe des Sommers 1876 zu Ende gebracht wurden und nunmehr bewirken, daß das Areal ertragsfähig geworden ist; Herr Stadtgärtner Schmöger hat die um den Sammelbrunnen herumliegenden Anlagen hergestellt.

Der Sammelbrunnen selbst war im Jahre 1875 bereits in seinem jetzigen Zustande fertig; die Kuppel über demselben ist aus Béton gegossen und das Innere durch eine Oberlicht-Rosette beleuchtet, welche aus 45 Millimeter starken in Gußeisen eingelegten Glasplatten besteht. Die Ueberwölbung des Sammelbrunnens ist von Herrn Maurermeister Steiert aus Freiburg vertragsmäßig vollzogen worden.

Aus dem Dargestellten dürfte hervorgehen, daß sämmtliche Bauarbeiten ineinander-greifend mit Erfolg zur Ausführung gelangten. Es ist ferner mehr ausgeführt worden, als ursprünglich beabsichtigt war, ohne daß die bewilligten Mittel erschöpft worden sind; die Ausgaben betrugen:

Am Ende des Jahres 1874   Mk. 243,183. 34.
Im Laufe des Jahres 1875 sind verwendet   „ 585,802. 07.
Im Laufe des Jahres 1876   „ 253,179. 35.

Zusammen bis Ende 1876 Mk. 1,082,164. 76.

Das vom Bürgerausschuß bewilligte Baucapital aber war, wie früher erwähnt, 700,000 Gulden oder Mk. 1,200,000.

In dem bis Ende 1876 verzeichneten Betrage befinden sich auch die Ausgaben für 900 von Seiten der Stadt unentgeltlich hergestellte Privatzuleitungen, die Kosten für Springbrunnen und für beträchtliche Erweiterungen des Rohrnetzes in der Wiehre und im Stühlinger. Der Gemeinderath erachtete des Weiteren als im Interesse der Stadt liegend, daß die Kosten für Chaussirungen und Umpflästerungen von Straßen, soweit dieselben irgendwie in Zusammenhang mit dem Wasserleitungsunternehmen gebracht werden konnten, ganz von dem Baufond für das Wasserwerk getragen wurden. Er unterstützte die Einführung der Wasserleitung in gemeinnützigen Anstalten, z. B. in die gynäkologische Klinik, in die Kreispflegeanstalt, in das Areal der gemeinnützigen Baugesellschaft u. s. w. durch erhebliche Kostenbeiträge; er vermehrte die Zahl der Hydranten auf 350 und stattete endlich durch den Ankauf großer Vorräthe den Betrieb für die kommende Zeit mit reichlichen Mitteln aus. So war denn auch mit Ende des Jahres 1877 die bewilligte Bausumme aufgebraucht.

Das Wasserleitungsunternehmen erfreut sich immer mehr der Anerkennung der Einwohnerschaft; selbst die anfänglichen Gegner vermögen ihm solche nicht mehr zu versagen, insbesondere seit sich dasselbe, wie später nachgewiesen werden wird, rentirt.

Der Unterzeichnete aber hält es an dieser Stelle für seine Pflicht, hervorzuheben, daß es in erster Reihe ein Verdienst der Gemeindebehörde ist, wenn der Bau den vorstehend beschriebenen günstigen Verlauf — wie selten ein anderer — genommen hat. Es soll nicht in Vergessenheit kommen, daß das Wasserwerk unter schweren Kämpfen beschlossen und in schweren Zeiten zur Ausführung gelangt ist, in Zeiten, in welchen maßlose Angriffe die Kraft der Gemeindebehörde zu zersplittern suchten und nur die Lasten aller neuen Unternehmungen hervorgehoben wurden, ohne daß man ihren Nutzen gewürdigt hätte; in diesen Zeiten bedurfte der

Bau am meisten einer energischen Unterstützung und sie ist ihm geworden. Der Herr Ge=
meindevorstand sowohl als auch der Herr Referent für·das Wasserleitungsunternehmen haben
jederzeit die große Verantwortung für alle beschlossenen Schritte gerne getragen, wenn sie sich
persönlich von ihrer Zweckmäßigkeit überzeugt hatten. Während der Gemeindevorstand durch
die verursachte Erledigung der vielen Vertragsabschlüsse, durch langwierige Verhandlungen mit
Unternehmern und Behörden, durch die meist persönlich von ihm vollzogenen Gelände= und
Servituts=Erwerbungen und endlich durch die Verantwortlichkeit für alle Zahlungen ꝛc. während
des Baues eine große Arbeitslast auf sich nehmen mußte, vertheidigte er gleichzeitig die Bau=
ausführung gegen die vielen ihm zugetragenen Angriffe und erhielt sich die klare Uebersicht
über das Unternehmen, von dessen Zweckmäßigkeit in allen Details er sich stets die eingehendste
Kenntniß verschafft hat; andererseits war es dem Unterzeichneten, wie selten einem Techniker,
vergönnt, in dem Referenten einen wissenschaftlich gebildeten sachkundigen Fachgenossen für alle
schwierigen Fragen als wohlwollenden Rathgeber an der Seite zu haben, der mit festem Willen
und mächtigem Einflusse die Durchführung technisch richtiger Maßregeln ermöglichte. Wie
werthvoll dieser Einfluß war, läßt sich an dem Beispiel des Hochreservoirs erörtern, gegen
dessen Ausführung, wie bekannt, eine heftige Opposition bestund; die großen Ersparnisse, welche
bei diesem Bauwerke durch seine denkbar einfachste Ausführung anderen ähnlichen Bauwerken
gegenüber erzielt wurden, wären nicht möglich gewesen, wenn der Herr Referent nicht die klare
Einsicht in den vorgelegten Plan und die Ausführung gehabt hätte.

Ehre diesen Männern!

Ehre aber auch dem Gemeinderathe, der in seiner überwiegenden Mehrheit stets mit
ihnen einig ging und sich in dem Werke ein unvergängliches Denkmal gesetzt hat, das, so Gott
will, Jahrhunderte überbauern und segensreich wirken wird.

Beim Beginne des Baues, im April des Jahres 1873 bestund der Gemeinderath aus
den Mitgliedern:

Schuster Carl, Oberbürgermeister. Röttinger Carl, Bürgermeister. Brugger
Carl, Stabhalter. Discher Franz, Schlosser. Durst Johann, Privat. Feberer
Dominik, Gerber. Fischer Joh. Bapt., Kaufmann. Knupfer Stephan, Metzger. Kraus
Philipp, Ofenfabrik. Mez Carl, Vater, Fabrikant. Rosset Dom., Kaufmann. Schaich
Franz, Vater, Fabrikant. Schinzing Alex., Stabhalter. Schmidt Joseph, Schreiner.
Schweninger Xav., Privat. Usländer Viktor, Kaufm. Wagner Herm., Architekt,
Referent. Wolfinger Joseph, Vater, Privat. Zimmermann Franz, Gastwirth.
und beim Beginne des definitiven Betriebes und der ständigen Einnahme aus dem Werke, am
1. Januar 1876, waren Mitglieder des Stadtrathes:

Schuster Carl, Oberbürgermeister. Röttinger Carl, Bürgermeister. Barten=
stein Aug, Privat. Fuchs Ant., Privat. Ficke Hugo, Fabrikant. Fromherz Gust.,
Anwalt. Füger Ludwig, Baumeister. Sätz Heinrich, Privat. v. Gayling Carl, Freih.
Hegner Beruh., Fabrikant. Kürzel Alex., Arzt. Mez Carl, Vater, Fabrikant. Renz
Chr., Bierbrauer. Rosset Dominik, Privat. Runk Carl Heinrich, Privat. Schaich
Franz, Vater, Fabrikant. Sommer G. H., Gastwirth. Thoma J. G., Fabrikant.
Vögele Joseph, Privat, Wagner Hermann, Architekt, Referent.

III. Der Betrieb.

Für die gute Wirksamkeit eines jeden Organismus ist erstes Erforderniß, daß er eine gesunde Constitution habe; es wird dann von der Pflege seiner Constitution abhängen, ob und wie lange er die Fähigkeit behält, fortzuwirken. In der That macht man denn auch die Erfahrung, daß bei guter Pflege selbst eine schwächliche Constitution lange ausdauert, während bei Vernachlässigung guter Pflege oder außergewöhnlicher Inanspruchnahme die beste Constitution in kurzer Zeit zu Grunde gerichtet werden kann. Auf den Organismus einer Wasserleitung findet dieser Grundsatz die vollste Anwendung; sie ist zwar von „Stein und Eisen", allein auch diese sind nicht unvergänglich. Der Techniker, der eine solche Anlage baut, mag seine Constructionen noch so solid und zweckmäßig wählen, wenn sie nicht richtig gebraucht und gut unterhalten werden, gehen sie ihm kurzer Zeit zu Grunde.

Insofern ist also der technische Betrieb eines Wasserwerkes eine Aufgabe, welche gleiche Aufmerksamkeit und gleiches Verständniß aller Details erfordert, wie der Bau und sowie in allen Dingen kleine Ursachen oft große Wirkungen hervorbringen, so auch hier; die geringste Vernachlässigung einer Reparatur, die vielleicht für wenige Mark hätte gemacht werden können, die Unterlassung einer gehörigen Spülung und Reinigung, die Nichtbeachtung von Mißbräuchen an einzelnen Theilen des Werkes kann in ihren Folgen unabsehbare Kosten verursachen. Auf der anderen Seite vermehren überflüssige und zwecklose Manöver und Anordnungen die Betriebskosten. Der technische Theil des Betriebes ist also nicht so einfach, wie es nach Außen hin den Anschein hat; nur zu bald steht derjenige, welcher die Anlage nicht zu behandeln weiß, oder die Dinge gehen läßt, wie sie wollen, vor dem Ende.

Aeußerst einfach dagegen ist der kaufmännische Theil des Betriebes, die Buchführung über die Einnahmen und Ausgaben bei einem fertigen Wasserwerke. Hier liegt ein bestimmter Tarif vor, die Abonennten werden nach diesem Tarif zur Zahlung beigezogen und die letztere nach den Veränderungen in Benützung des Wassers zu bestimmten Zeitpunkten regulirt. Auf der andern Seite steht fest, was Verzinsung und Amortisation des Baukapitales und Unterhaltungskosten ꝛc. erfordern; für die Ausgleichung der Differenz sorgt die Gemeinde.

Ueber der technischen und kaufmännischen Betriebsaufgabe steht also noch eine höhere, regulirende Thätigkeit, die Administration des Wasserwerkes; sie ist entscheidend und verantwortlich für den Bestand und die Erhaltung desselben und begreift nicht allein die Aufsicht und Regulirung der untergeordneten mitwirkenden Faktoren, die zur Orientirung dienen, in sich, sondern erfordert auch eine klare Uebersicht über das Ganze, und das Bewußtsein dessen, was die Gemeindeinteressen erheischen, welche Differenzen zwischen Einnahmen und Ausgaben stattfinden dürfen.

In dieser leitenden Thätigkeit summirt sich also die eigentliche Betriebsaufgabe und sie kann naturgemäß nur unmittelbar selbst von der Gemeindebehörde ausgeübt werden. Sie beginnt aber nicht erst mit dem Zeitpunkte, in welchem das Wasserwerk dem Gebrauche der Einwohnerschaft überlassen wird; der schwierigste Abschnitt für dieselbe fällt in die Zeit, in welcher zwar der Beschluß vorliegt, das Wasserwerk zu bauen, die zukünftige Gestalt desselben aber nur bildlich in allgemeinen Umrissen verdeutlicht werden kann.

Schon vor Beginn des Baues muß die Gemeindebehörde sich darüber klar geworden sein, wie sich der Betrieb des Wasserwerkes in Zukunft gestalten läßt; der Erfolg bestätigt sodann, ob die unterlegten Prinzipien richtig gewesen sind oder nicht.

Die Gemeindebehörde hat für die Lösung dieser Aufgabe einen um so schwierigeren Standpunkt, als sie nach drei Seiten nur mit annähernd richtigen Voraussetzungen rechnen kann. Sie kann dem Bau eine nur beschränkte Ausdehnung geben und dadurch an den erstmaligen Kosten sparen; sie muß aber auch umgekehrt berücksichtigen, daß mit der Beschränkung der Leistungsfähigkeit des Werkes eine Beschränkung der Betriebseinnahmen Hand in Hand geht. Sie kann das Anlagekapital langsam oder rasch amortisiren, je nach ihrem Vertrauen auf die Tüchtigkeit des vollzogenen Baues, auf die Stabilität des Wohlstandes in der Bevölkerung. Sie kann endlich eine Zunahme, ein Stehenbleiben oder eine Abnahme der Bevölkerungsziffer unterstellen und das Bedürfniß pro Kopf an Wasser hoch oder nieder annehmen.

Es ist bereits im Früheren dargelegt worden, daß der Gemeinderath zum Vornherein das Wasserwerk für eine Einwohnerzahl von 40,000 Seelen berechnet wissen wollte; er kam nach eingehenden Erwägungen zu der Ueberzeugung, daß man unter keinen Umständen die Anlage zu klein machen dürfe. Auch sollte der normale Bedarfssatz mit mindestens 150 Liter pro Kopf der Bevölkerung, wie anderwärts in größeren Städten üblich, zu Grunde gelegt werden.

Jetzt, nachdem sich diese Maßnahme als zweckmäßig und richtig erwiesen hat, findet sich Niemand mehr zu einer Einwendung gegen dieses Grundprinzip veranlaßt; in der Wasserversorgungskommission dagegen waren seiner Zeit auch andere Ansichten vertreten. Insbesondere bestritt eines der Mitglieder dieser Commission, welches in früheren Zeiten die Brunnenangelegenheiten der Gemeinde besorgt hatte, die Zweckmäßigkeit einer größeren Anlage an Hand persönlicher Erfahrungen. Glücklicherweise hatte der Einwand keinen Erfolg.

Die auf dieser Grundlage vorgenommene Kostenberechnung für den Bau des Wasserwerkes ergab eine Summe von 550,000 Gulden; der Vorsicht wegen erhöhte der Gemeinderath die Voranschlagssumme um 150,000 Gulden, wie früher schon erwähnt, und mit der so erhaltenen Ziffer begann er eine vorläufige Betriebsrechnung aufzustellen bezw. den zulässigen Verkaufspreis des Wassers zu bestimmen.

Grundsätzlich sollte — über diesen Punkt existirte nie eine Meinungsverschiedenheit — das neue Wasserwerk sich selbst erhalten können; es durfte beßhalb einer Rentabilitäts-Berechnung, wenn sie einige Wahrscheinlichkeit bieten sollte, keine erst in ferner Zukunft zu erwartende Abonnentenzahl unterstellt werden. Es sollte des Weiteren, wenn thunlich, die Lei-stung des Wasserwerkes zu öffentlichen Zwecken (öffentliche Brunnen, Zierbrunnen, Straßen-begießen, Feuerlöschzwecken ꝛc.) Seitens der Stadtkasse nicht besonders bezahlt werden, wie dieß auch anderwärts zumeist nicht üblich ist. Endlich war unterstellt, daß für die Verhältnisse Freiburgs die Amortisation des Anlagekapitals auf einen Zeitraum von 50 Jahren vertheilt werden dürfe, vorausgesetzt, daß das Wasserwerk der Absicht des Gemeinderaths entsprechend solid gebaut und betrieben werde.

Mit dem Studium über die zu erwartende Rentabilität beschäftigte sich zuerst und ein-gehend der Gemeindevorstand, sodann der Gemeinderath und die Wasserversorgungs-Commission, also die dazu berufenen Faktoren. Außerdem haben sich, wie die im Anhange erwähnten Zeitungsnotizen darthun, noch verschiedene andere Interessenten theils in positiver, theils in negativer Weise, auch ohne dazu berufen zu sein, an diesem Studium betheiligt; obschon der Gemeinderath in liberalster Weise alle ihm zu Gebote stehenden Hilfsmittel auch solchen Herren zu Gebote stellte, ist, so viel dem Unterzeichneten bekannt, Seitens dieser Herren eine gründ-liche Information nie genommen worden. Daher mag es denn auch kommen, daß die von ihnen gemachten Prophezeiungen, wenigstens die schlimmen, nicht in Erfüllung gingen.

Der Gemeindevorstand hatte von sämmtlichen Wasserwerken in Deutschland und in der Schweiz die Betriebsberichte erbeten und erhalten, um an der Hand dieses reichhaltigen positiven Materiales die Verhältnisse Freiburgs zu würdigen. Die Resultate dieser Studien sind zwar in dem Vortrage des Herrn Gemeindevorstandes vom 16. November 1874, welcher im Anhange abgedruckt ist, enthalten; doch sei es hier gestattet, kurz noch einmal auf die Motive zurückzukommen.

Wie aus der Denkschrift des Gemeinderathes vom 23. Oktober 1873 bekannt, ist die neue Wasserleitung so gebaut, daß das Zuleitungsrohr von den Quellen täglich 7500 Cubik-Meter Wasser nach der Stadt zu liefern vermag; es ist dieß das Maximum der Leistungs-fähigkeit. Nun ist es aber nicht zulässig, zu sagen: diese 7500 Cubikmeter Wasser kosten die Stadt per Tag an Zinsen und Betriebsaufwand rund 200 Mark, folglich beträgt der Selbst-kostenpreis des Wassers rund 3 Pfennige per Cubikmeter; dieß wäre eine ganz falsche Rechnung. Bei Bestimmung des Selbstkostenpreises für das Wasser ist vor allen Dingen zu berücksichtigen, daß hiebei nicht das von den Quellen zufließende, sondern nur das von den Abonnenten verbrauchte Wasser zu Grunde gelegt werden darf; nur dieses wird verkauft und bezahlt und da das entsprechende Quantum ein erheblich geringeres ist als das zufließende, kostet das abzusetzende Wasser erheblich mehr als 3 Pfennige, wenn täglich 200 Mark eingenommen werden sollen.

Zunächst ist von dem zugeleiteten Wasserquantum der Bedarf für den öffentlichen Ver-brauch abzuziehen, welcher etwa 20 Prozent des Gesammtquantums betragen mag; dann blie-ben für den Verkauf noch ca. 6000 Cubikmeter übrig, aus welchen die Einnahme von 200 Mark resultiren muß, weil für den öffentlichen Verbrauch Nichts bezahlt wird. Damit ist jedoch nicht gesagt, daß der Ertrag von 6000 Cubikmeter als durchschnittliche Tageseinnahme zu betrachten ist; dieselben Abonnenten, welche im Sommer 6000 Cubikmeter brauchen, bedürfen im Winter vielleicht die Hälfte. Dennoch aber mußte das Wasserwerk für den Marimal=Ver= brauch eingerichtet werden, weil sonst im Sommer Wassermangel vorhanden wäre; es läuft also das im Winter weniger verbrauchte Wasser unbenützt und demgemäß auch unbezahlt durch den Ueberlauf in den Gewerbsbach.

An der Grenze seiner Leistungsfähigkeit liefert demnach das Wasserwerk einen Ertrag, entsprechend dem Verkaufe von ca. 6000 Cubikmeter im Sommer und 3000 Cubikmeter im Winter; scheidet man das Jahr in 5 Sommermonate und 7 Wintermonate, wie dieß in der That wohl zutreffen wird, so beträgt der tägliche Durchschnittsverkauf an Wasser:

$$\frac{5 \times 6000 + 7 \times 3000}{12} = 4250 \text{ Cubikmeter.}$$

Es dürfte also, sofern das Wasserwerk rentiren soll, der Einheitspreis für den Cubikmeter nicht unter 5 Pfennige bestimmt werden.

Dieser Grundpreis setzt voraus, daß die Betheiligung an dem Unternehmen eine ganz allgemeine ist und die Zahl der sich betheiligenden Einwohner 40,000 beträgt. Bekanntlich war dieß Letztere Ende des Jahres 1874 nicht der Fall, man mußte mit 30,000 Einwohnern rechnen und deßhalb auch in der Unterstellung einer ganz allgemeinen Betheiligung den Grundpreis auf:

$$\frac{5 \times 40000}{30000} = \text{rund 7 Pfennige}$$

festsetzen. Niederer konnte nicht gegangen werden, und hat dieß auch Herr Oberbürgermeister Schuster in seinem Vortrage vom 16. November 1874 nach Vergleichung dieses Ergebnisses mit den Einheitspreisen anderer Städte in den Worten zusammengefaßt:

„Sie mögen daraus ersehen, daß wir die denkbar niedrigsten Ansätze angenommen haben und dürfte das Gleiche auch bei den Preisen, die für besonderen Gebrauch des Wassers zu verschiedenen außergewöhnlichen Zwecken festgestellt sind, eintreffen. Im Allgemeinen kann jedoch dieser Wasserzinstarif nur ein provisorischer sein, da sich die Betheiligung der Einwohner an dem neuen Unternehmen nicht sicher voraussehen läßt; wir sind aber zu der Erwartung berechtigt, daß eine Erhöhung desselben nicht nothwendig werde."

Mit dem Schlußsatze war angedeutet, daß, wenn gegen Erwarten des Gemeinderathes die Betheiligung an dem Unternehmen keine allgemeine würde, allerdings eine Erhöhung des Einheitspreises erforderlich sein könnte; doch hatte der Gemeinderath den guten Glauben an die sichere Theilnahme der Bürgerschaft bei dem gemeinnützigen Werke und die Erfahrung hat gelehrt, daß er sich hierin nicht getäuscht hat.

Auf die zweckmäßigen Maßregeln, welchen es zu danken ist, daß diese allgemeine Be= theiligung so rasch, wie geschehen, erfolgte, soll später hingewiesen werden; hier ist es zunächst erforderlich, darzuthun, in welchem Zusammenhange die für den besonderen Gebrauch des Was= sers festgestellten Preise mit dem oben entwickelten Grundpreise stehen und wo in Rücksicht auf lokale Verhältnisse besondere Vergünstigungen gewährt wurden.

Bekanntlich steht es jedem Abonnenten frei, das von ihm verbrauchte Wasser durch einen Wassermesser fließen zu lassen, also nach Maßgabe des Grundpreises von 7 Pfennigen per Cubikmeter seinen Verbrauch zu bezahlen. Nicht jeder Abonnent verbraucht jedoch so viel Wasser, daß die Genauigkeit des Meßinstrumentes groß genug wäre, um diesen Verbrauch anzugeben; es ist aus rein physikalischen Gründen kein Wassermesser denkbar, welcher auch die kleinsten, ihn passirenden Wassermengen angeben würde. Wenn nur geringe Wassermengen den Wassermesser passiren, so zeigt er gar keinen Verbrauch. Der Gemeinderath mußte sich für solche Fälle trotzdem eine Einnahme sichern und hat deßhalb einen Minimal=Wasserzins festgesetzt, wenn der Abonnent sein Wasser per Wassermesser beziehen will; der letztere beträgt 90 Mark per Jahr.

Nun ist es sofort klar, daß für die Mehrzahl der Abonnenten dieser Jahreszins zu hoch sein würde; es mußte deßhalb an den Klein=Verbrauch ein anderer Maßstab angelegt werden und beschloß der Gemeinderath, wie in dem Vortrag des Gemeindevorstandes vom 16. November 1874 dargelegt und erläutert ist, den Miethwerth der Wohnungen zu Grunde zu legen.

Bei dieser Berechnungsweise ist es ermöglicht, der ärmeren Volksklasse oder überhaupt denjenigen, die sich in der Wohnung einzuschränken gezwungen sind, das Wasser zu einem verhält= nißmäßig billigen Preise abzugeben; das entstehende Defizit wird wieder gedeckt von den ver= möglichen Familien oder einzelnen Personen, welche Wohnungen von großem Miethwerthe inne haben und dabei nur für wenige Personen Wasser bedürfen, das letztere also theurer be= zahlen. Da die Betheiligung an der Wasserleitung eine freiwillige ist, liegt in diesem Systeme der Beitragsberechnung keinerlei Unrecht; denn es ist anzunehmen, daß bei sehr bemittelten Einwohnern der Zins für das Wasser gegen die dadurch gebotene Annehmlichkeit verschwindet, sie sich also wegen der getroffenen Bestimmung auch dann nicht vor einer Betheiligung abhalten lassen würden, wenn sie sich aus allgemeinen Gründen zu Erleichterungsmaßregeln für die weniger bemittelte Klasse nicht hätten entschließen können.

Im Verfolge des gleichen Prinzipes sind neben dem Miethwerthe der Wohnungen noch besondere Einrichtungen in den Häusern als Zinsobjecte ausersehen worden. Der Ge= meinderath erachtete es für billig, daß in Fällen, in denen das Wasser außer zu gewöhnlichem Hausverbrauche noch für Pferde, Rindvieh, Chaisen, Waschküchen, Badkabinete und Wasser= closete verbraucht wird, ein der Zahl dieser Objecte und ihrer Bestimmung angepaßter beson= derer Wasserzins bezahlt werde; die Preise sind so gering, daß erhebliche Anstände oder Be= schwerden hierwegen niemals eingelaufen sind.

Anders verhält sich dieß mit den Preis=Ansätzen für Begießen von Gartenanlagen, Höfen und Plätzen mit Wasser, was auch besonders bezahlt werden muß; der Gemeinderath glaubte diesen, im Interesse der öffentlichen Gesundheit und Reinlichkeit so sehr wünschens= werthen Gebrauch des Wassers mit dem denkbar niedrigsten Preis=Ansatze besteuern zu sollen und bestimmte ihn auf 2½ Pfennige für den Quadratmeter Fläche. Nichtsdestoweniger ist dem Unterzeichneten bekannt, daß viele Einwendungen gegen die Höhe dieses Preises ein= gelaufen sind und noch einlaufen und soll deßhalb hier das Unmotivirte derselben erörtert werden. Wenn es, wie man hierzulande zu sagen pflegt, „einmal ordentlich regnet", so fällt in der Stunde ein Niederschlag von ungefähr 40 Liter auf den Quabratmeter (eine Regen=höhe von 40 Millimeter ist gleichbedeutend). Nimmt man an, man wolle durch Begießen der Gärten oder Höfe und Plätze in einem Tage nur die Hälfte der Wirkung hervorbringen, welche ein einstündiger Regen hat, so sind 20 Liter Wasser per Quabratmeter erforderlich. Da man aber nach dem Grundpreis des Wassers von 7 Pfennig per Cubikmeter nur 360 Liter für $2^{1}\!2$ Pfennige erhalten würde, wenn die Bezahlung nach Wassermessern erfolgt, so setzt der Einheitspreis für das Begießen nur eine 18tägige Benützung im Jahr voraus. Nun möge sich jeder Abonnent klar machen, ob die Annahme von 18 Gießtagen im Jahre nicht eine äußerst geringe ist! Es darf dabei nur an die Monate Juli und August des Jahres 1876 gedacht werden, in welchen nahezu keine Niederschläge fielen; der Unterzeichnete hat in jener Zeit häufig beobachtet, daß in einzelnen Gärten stundenlang mit voller Kraft der Hydranten gespritzt wurde, ohne Ausnahme, jeden Tag.

Der Einwurf, daß der Wasserpreis in Freiburg für diesen Zweck ein hoher sei, ist daher sehr ungerechtfertigt; er ist nicht nur im Vergleich mit andern Städten sehr nieder, sondern enthält auch im Vergleich zum Grundpreise des Wassers und zu den Preisen des übrigen Consums noch eine besondere Begünstigung dieser Benützungsart.

Einen sehr billigen — den verhältnißmäßig geringsten — Preis für die Wasser=benützung zahlen die Neubauten; er beträgt 4 Pfennige per Quabrat=Meter Grundfläche des Baues für je ein Stockwerk, gestattet freie Benützung des Wassers und wird selbstverständlich nur einmal erhoben, einerlei, wie lange der Bau dauert. Dieser Preis ist ein Zugeständniß an das Gemeindeinteresse, das innig mit der Vergrößerung der Stadt verwachsen ist, folglich verlangt, daß alle Bauunternehmungen bei jeder Gelegenheit unterstützt werden. Auch wollte man durch Gewährung eines geringen Wasserzinses den reichlichen Gebrauch des Wassers bei Bauten thunlichst befördern, weil dadurch die Qualität des Mauerwerkes, insbesondere wenn im trockenen Sommer gemauert wird, eine bessere werden kann; endlich ist mit Recht geltend gemacht worden, daß in der Regel alle Häuser, bei deren Bau schon die Wasserleitung benützt wurde, nach Vollendung des Baues auch an dieselbe angeschlossen bleiben. Dadurch hat also später die Wasserleitung wieder einen Ausgleich.

Zum Schlusse ist noch eines Umstandes zu gedenken, der in Berechnung des Wasser=zinses einen Unterschied veranlaßt, die Größe des Wasserverbrauches. Es ist eine nicht ab=zuleugnende Thatsache, daß auch bei dem einfachsten Betriebe kleine Wasserbezüge an Control= und Verwaltungskosten vielmehr Auslagen verursachen als größere, und daß bei kleinen Be=zügen der zu zahlende Wasserzins, verglichen mit dem durch die Wasserleitung gewährten Vor=theile kaum in Betracht kommt, während er für den Anschluß größerer Objecte entscheidend sein kann. Wir erwähnen als hieher gehörig nicht nur den Bahnhof, die Central=Strafanstalt und ähnliche Gebäude mit großem Bedarf, welche erst nach Vergleichung des mit ihnen verein=barten Wasserpreises nach höherer Genehmigung entscheiden konnten, ob sie ihre Pumpwerke beibehalten bezw. einrichten oder aufgeben sollten; es sind insbesondere auch die Hydromotoren der Gewerbetreibenden, für welche die Höhe des Wasserpreises entscheidend für den Anschluß ist. Bei dem für alle sonstigen Zwecke hinreichenden Wasserdrucke von 30 Meter ist der Wasserbedarf zum Motorenbetrieb noch in Freiburg ein verhältnißmäßig großer; andere Lei=

tungen, z. B. jene der Städte Baden, Zürich, Basel, Lausanne, welche 10 und 15 Atmosphären Wasserdruck haben, leisten mit demselben Wasserquantum die drei= bis fünffache Arbeit. Es war deßhalb gerecht und billig, daß der Gemeinderath den großen Consumenten, insbesondere den Hydromotoren gegenüber einen etwas geringeren Wasserpreis angesetzt hat, der jedoch aus früher erwähnten Gründen unter 5 Pfennige niemals würde herabsinken können, wenigstens so lange nicht, als das Wasserwerk sich rentiren soll.

Der Wasserzinstarif sowie die Vertragsbestimmungen über die Benützung der neuen Brun= nenleitung und die Instruktion für Herstellung von Privatwasserleitungen im Anschlusse an die= selbe befinden sich im Anhange abgedruckt. Es mag nun hier die Bemerkung Platz finden, daß auch hinsichtlich der Betriebsergebnisse die Gemeindebehörde richtig vorausgesehen hat und daß nach dieser Richtung hin nicht nur die ausgesprochenen Erwartungen, sondern weit mehr, als die= selben besagten, erreicht wurde. Es hat nur weniger Jahre bedurft, bis die Einnahmen aus dem Wasserwerke zur Verzinsung und Amortisation des Anlagekapitales ausreichten.

Die allmälige Entwickelung des Wasserwerkbetriebes mußte voraussichtlich im Jahre 1875 eintreten, wenn das Zuleitungsrohr von den Quellen nach der Stadt im Mai 1875 vollendet war; die Beschlüsse über den Beizug der Abonnenten zum Wasserzinse sind deßhalb schon im Jahre 1874 gefaßt worden. Da man zu dieser Zeit nach Maßgabe der Accordpreise berechnen konnte, daß die Bauherstellung keineswegs die bewilligte Summe erfordere, glaubte der Gemeinderath im Interesse des Wasserwerkes jenen Abonnenten, die sich rasch zum An= schlusse an die neue Leitung bereit erklärten, eine besondere Vergünstigung bewilligen zu sollen. Er bestimmte deßhalb mit Genehmigung des Bürgerausschusses, daß denjenigen Abonnenten, welche sich vor dem 1. März 1875 zum Wasserbezug aus der neuen Leitung anmelden, die Verbindung der Hausleitung mit dem öffentlichen Rohrstrang auf Kosten der Stadt hergestellt werden soll. Damit hoffte man jenen Theil der Bürgerschaft, welcher dem Unternehmen wohlwollend gesinnt war, in erster Reihe zur Betheiligung zu veranlassen und den Indifferenten Gelegenheit zu bieten, die Vortheile des Wasserwerkes aus eigener Anschauung kennen zu lernen; gleichzeitig konnte damit bis zur eigentlichen Betriebseröffnung das Vorurtheil überwunden werden, welches hinsichtlich der Gefahr des hohen Druckes, der Verbreitung von Feuchtigkeit in den Häusern 2c. bestund und von den Gegnern des Unternehmens noch erhalten wurde. Der Gemeinderath und die Wasserversorgungs=Commission wußten recht wohl, daß es lediglich alte Gewohnheiten waren, welche einen passiven Widerstand gegen das Unternehmen noch stützten; gelang es, die Furcht vor den zufälligen Unterbrechungen zu beseitigen und die Ver= besserungen vor Augen zu führen, welche der neue Zustand gegenüber jenem der Mösle=Wasser= leitung bot, so war dem Wasserwerke auch der finanzielle Erfolg gesichert.

Bis zum ersten März 1875 waren 695 Grundstücke zum Wasserbezug aus der neuen Leitung angemeldet worden. Deren Besitzer ohne Ausnahme dem Unternehmen das beste Wohl= wollen entgegenbrachten. Bereits am 4. Februar 1875 war die Instruktion für die Installateure, welche ebenfalls im Anhange abgedruckt ist, erlassen worden, um die Abonnenten vor schlechter Arbeit und vor Ueberforderungen zu schützen; vermöge dieser Instruction waren auch die Ar= beiten im Innern der Häuser gewissermaßen der Aufsicht der Bauleitung unterstellt. Der Gemeinderath konnte nach dem 1. März 1875 das Ausschreiben für Herstellung der Verbin=

dungen von Hausleitungen mit dem öffentlichen Röhrenstrang ergehen lassen und schloß am
15. Juni 1875 mit den Installateuren Alexander Hug und Julius Breh von Freiburg Ver=
trag wegen Ausführung dieser Arbeiten ab, nicht ohne daß auf Veranlassung des Unterzeich=
neten diesen Accorbanten schriftlich und mündlich eingeschärft worden war, daß die niedere
Offerte, die sie eingereicht hatten, Bedenken an ihrem richtigen Sachverständniß erwecken mußte.
In der That zeigte sich denn auch in kurzer Zeit, daß die Unternehmer ihre Aufgabe nicht er=
füllen konnten; die Arbeiten schritten unsäglich langsam vorwärts, so daß Ende September noch
nicht mehr als 117 Privatzuführungen erstellt waren. Durch Fortsetzung des Vertrages bzw.
mit Nachsicht gegen die Uebernehmer trat die Gefahr nahe, daß ganze Wasserwerk bei der
Einwohnerschaft in Mißkredit zu bringen, und der Gemeinderath ermächtigte den Unterzeichneten
zum energischen Vorgehen. Es erfolgte sofort die notarielle Inverzugsetzung und nach Ab=
lauf des gesetzten Termins für die Aenderung im Geschäftsbetriebe die Einstellung von drei
Accorbanten auf Kosten der Uebernehmer Breh und Hug. Dieß waren der Installateur Emil
Schmidt von Karlsruhe, die Firma König & Pfeffer und Molter & Philippi in Freiburg;
am 27. bezw. 28. Oktober sind die bezüglichen Uebereinkommen mit ihnen abgeschlossen, bei
welchen in Rücksicht auf die bereits vorgerückte Jahreszeit und die dadurch bedingten kurzen
Arbeitstage, die großen Kosten für Beleuchtung und Einfriedigung der Baustellen während der
Nacht, gute Preise bewilligt werden mußten. So gelang es, im Laufe des Jahres 1875 neun=
hundert Privatleitungen in] Verbindung mit dem Rohrnetze herzustellen und dienstfähig
zu machen.

Der Gemeinderath hatte inzwischen zwei Beschlüsse von großer Bedeutung für die
rasche Rentabilität des Unternehmens gefaßt: er verlängerte den Termin für die Anmeldungen,
welchen der Vortheil einer unentgeltlichen Verbindung mit dem öffentlichen Röhrstrange zu
Theil wurde, auf den 1. Januar 1876 und gewährte allen, im Jahre 1875 angeschlossenen
Privatleitungen unbeschränkten und unentgeltlichen Wasserbezug bis zum 1. Januar
1876. Hiedurch kamen 900 Hausbesitzer in die Lage, die Zweckmäßigkeit und Annehmlichkeit der
neuen Wasserversorgung selbst unentgeltlich zu erproben und nur dieser Entschließung ist es zu
danken, daß die Zahl der angemeldeten Grundstücke bis Ende des Jahres 1875 auf 1340
gestiegen war, die leider, der vorhin erwähnten Verhältnisse wegen, im Jahre 1875 nicht alle
angeschlossen werden konnten.

Dem Gemeinderath ist dadurch die Genugthuung geworden, daß sein Vertrauen auf
den gesunden Sinn der Bevölkerung und die Theilnahme derselben an dem gemeinnützigen
städtischen Unternehmen ein wohl gerechtfertigtes war; anderseits mußte die Einwohnerschaft
anerkennen, daß es die leitende Behörde verstanden hatte, in unerhört kurzer Zeit das Wasser=
werk ertragsfähig zu machen. Die Behauptung des Correspondenten vom Oberrheinischen
Courier (Anhang, Correspondenz vom 9. September 1873), die Zahl von 800—900 Privat=
brunnen werde nie, nie zur Hälfte, erreicht werden, war schon vor dem Beginne des
eigentlichen Betriebes widerlegt.

Mit dem 1. Januar 1876 beginnt der Betrieb des Werkes und es konnten in Ein=
nahme dekretirt werden:

Für das Jahr 1876 . . . . Mk. 51942. 60.

Für das Jahr 1877 . . . . Mk. 57822. 74.

„ „ „ 1878 . . . . „ 69140. 69.

lediglich Einnahmen aus Brunnenzinsen, wie aus den von der Stadtkasse gegebenen Rechnungsnachweisen zu ersehen ist.

Diese Zahlen mögen genügen und erübrigt hier nur noch eine Darstellung über die Organisation des Betriebes zu geben, um den Umfang der den einzelnen Faktoren zugewiesenen Aufgaben kennen zu lernen; auch hiefür ist es unerläßlich, auf den Bau zurückzukommen, um die allmälige Entwickelung verständlich zu machen.

Wie früher erwähnt, war von Anfang an in der Wasserleitungsangelegenheit dem Gemeinderathe eine besondere Commission, die Wasserversorgungs-Commission zur Seite gestanden; sie beendigte ihre Thätigkeit zu dem Zeitpunkte, an welchem Vertragsbestimmungen und Wasserzinstarif zur Vorlage an den Bürgerausschuß gebracht und von dem letzteren genehmigt worden waren. Bis dahin ist auch der Unterzeichnete zu den Berathungen der Commission beigezogen worden, um in technischen Dingen Auskunft zu ertheilen. Inzwischen hatte der Gemeinderath beschlossen, daß der Betrieb des neuen Wasserwerkes so wenig wie der Bau dem Stadtbau-Amte unterstellt werden sollte, und deßhalb bei dem Bürgerausschusse die Creirung einer neuen städtischen Stelle unter dem Namen Wasser- und Straßenbauamt beantragt, welche dieser bereits im Februar 1873 bewilligte. Dieser Stelle wurden außer dem Bau und dem zukünftigen technischen Betriebe des Wasserwerkes auch sämmtliche übrigen, in das Gebiet des Ingenieurfaches gehörigen Arbeiten übertragen, und der Unterzeichnete zum Vorstande derselben ernannt.

Durch mündliche Besprechungen mit dem Herrn Gemeindevorstande und dem Herrn Referenten und durch berichtliche Vorlagen hatte somit das Wasser- und Straßenbau-Amt für die Folge die technische Aufgabe, den Bau und Betrieb des Wasserwerkes und zwar bis zum Jahre 1876 ohne weitere Beihülfe zu besorgen. Im ersten Betriebsjahre (1876) sollte sodann aus dem beim Bau verwendeten Personal ein Brunnenmeister entnommen werden, welcher für die Zukunft zur unmittelbaren Beaufsichtigung aller Unterhaltungsarbeiten zu verwenden war und dem deßhalb alle Einzelheiten der Anlage bekannt sein mußten. Zur Führung der AbonnentenVerzeichnisse, der Ab- und Zugangs-Register ꝛc. war dem Wasser- und Straßenbau-Amte eine Schreibaushülfe verwilligt und dem städtischen Rentamte der Einzug der Wasserzinse und die Verrechnung zugewiesen worden.

Nach dem 1. Januar 1876 hatte der Gemeinde-Rath, oder wie er seit Einführung der neuen Städteordnung genannt wird, Stadtrath, folgende Organisation des Betriebes angeordnet:

Die Einschätzung der Wasserzinse wird im Benehmen mit dem Referenten des Stadtrathes und dem Vorstande des Wasser- und Straßenbau-Amtes durch die Herren Bauschätzer erstmals vollzogen. Die Letzteren waren im Jahre 1876 die Herren Kollofrath, Ruppert, Schwarzweber und Thumb.

Die so vorgenommenen Einschätzungen werden zur Kenntniß der Abonnenten gebracht und mit etwaigen Einwendungen der letzteren einer Commission zur zweiten Berathung übergeben; diese Commission besteht aus dem Referenten des Stadtrathes und zwei weiteren Stadträthen; ihren Sitzungen haben der Vorstand des Wasser- und Straßenbau-Amtes, sowie die dazu berufenen Bauschätzer anzuwohnen.

In den Sitzungen dieser Commission werden alle, nach dem Ermessen der anwohnenden Stadträthe unzulässigen Einschätzungen dem Wasser= und Straßenbau=Amte mit der Veranlassung zur nochmaligen Einschätzung zurückgegeben, die unbeanstandeten Vorlagen dagegen vom Wasser= und Straßenbau=Amt zur weiteren Prüfung beim Stadtrathe eingereicht. Bei den dortigen Verhandlungen über den Gegenstand erstatten die der Einschätzungs=Commission angehörigen Herren Stadträthe Erläuterung. Der Stadtrath ertheilt sodann Genehmigung zum Vertragsabschlusse, oder verfügt die Wiederaufnahme des Verfahrens.

Reclamationen der Abonnenten können sowohl beim Stadtrathe, als auch beim Wasser= und Straßenbau=Amte vorgebracht werden; sie werden in der Regel der letzteren Behörde zur Aeußerung mitgetheilt.

Alle technischen Betriebsaufgaben besorgt das Wasser= und Straßenbau=Amt.

Die Betriebsrechnung, sowie das Incasso ist Sache des Rentamtes.

Es bedarf wohl keiner weiteren Auseinandersetzung darüber, wie außerordentlich beschwerlich bei Beginn des Betriebes die dem Stadtrathe obliegende Arbeit gewesen ist; daß es aber in Bezug auf das zukünftige Gedeihen des Werkes die wichtigste Arbeit war, soll hier ganz besonders hervorgehoben werden. So klar im Ganzen auch die Tarifbestimmungen für den Gebrauch des Wassers gehalten sind, so war es doch nicht möglich, alle denkbaren Fälle der Wasserbenützung zu nennen. Es kamen im Verlaufe der Einschätzungen Gebrauchsarten zum Vorschein, für welche es auch sehr schwer gewesen wäre, einen allgemeinen gültigen Ansatz zu finden; so wurde Wasser zum Kühlen von Milch, von Bier, von Wein ꝛc. verwendet. Dächer mit dem Wasser begossen zur Abhaltung der Sonnenhitze, gewerbliche Zwecke aller Art damit besorgt, ohne daß der Verbrauch groß genug gewesen wäre, um die Einstellung eines Wassermessers erforderlich zu machen. In solchen Fällen mußte man gewissermaßen Preise erfinden. Jede einzelne Entscheidung präjudizirte eine Menge anderer, die Vergleichung der Einschätzungen unter den Abonnenten verursachte auch in vielen Fällen nicht deßwegen Reclamationen, weil der Einzelne sich für zu hoch belastet erachtete, sondern weil sein Nachbar zu gering belastet erschien und ihn frohlockend damit zu ärgern suchte. Immerhin mußte der Stadtrath im Auge behalten, daß er das Wasserwerk ertragsfähig zu machen hatte; umsomehr sollte es die Bürgerschaft anerkennen, daß heute diese Aufgabe, wenn auch nach langer mühevoller Arbeit, glücklich gelöst ist.

Im Allgemeinen hat sich die Einwohnerschaft Freiburgs gerne der Zahlung des Wasserzinses unterzogen. Wie überall, mußte auch hier mit der Zeit jenen Anforderungen Rechnung getragen werden, die sich durch das Sinken der Miethpreise in großen Städten geltend machen. Umsomehr ist anzunehmen, daß die Rentabilität des Werkes beim Eintritt besserer Zeiten, die auch wieder kommen, eine mehr und mehr sich steigernde sein wird.

Zum Schlusse erlaubt sich der Unterzeichnete, noch einige auf den Betrieb des Werkes bezügliche allgemeine Bemerkungen. Es ist unbestritten die größte Wohlthat, wenn ein städtisches Wasserwerk in der Lage ist, das Wasser den Abonnenten für den gewöhnlichen Verbrauch gegen Aversalmiethe in unbeschränkte Benützung zu geben; allein der Herr Gemeindevorstand hat bereits am 16. November 1874 darauf hingewiesen, daß man sich hiebei auf das Gerechtigkeitsgefühl der Abnehmer verlassen müsse. Kein Reichthum ist unerschöpflich und obgleich 7500 Cubikmeter Waſſer bei 40,000 Einwohnern ein Quantum von nahezu 200 Liter pro Kopf repräſentiren, iſt es doch in Freiburg ſchon vorgekommen, daß die beiden Reſervoir= abtheilungen nahezu aufgebraucht wurden, alſo Tage da waren, an denen der Verbrauch gegen 12,000 Cubikmeter oder 300 Liter per Kopf betrug (bei geleertem Reſervoir liefert die Zu= leitung erheblich mehr Waſſer als bei gefülltem). Wer die armſelige Waſſerwirthſchaft in Städten, in welchen auch der häusliche Verbrauch durch Waſſermeſſer controlirt wird, kennen gelernt hat, muß von Herzen wünſchen, daß die Einwohnerſchaft Freiburgs noch lange à dis-crétion beziehen möge; ſie wird dieß aber nur durch Vermeidung zweckloſer Vergeudung des Waſſers erreichen können, da denn doch mit aller Wahrſcheinlichkeit die Legung der zweiten Röhrenfahrt von Ebnet her nicht ſo bald erwartet werden darf, wenigſtens nicht im nächſten Decennium.

Eine zweite Bemerkung bezieht ſich auf die Unterhaltung der Anlage. Es darf ohne Selbſtüberhebung behauptet werden, daß alle Beſtandtheile des Freiburger Waſſerwerkes ſolid eingebaut und ſolid conſtruirt ſind; insbeſondere gilt dieß von den Hydranten, dieſer ſo außer-ordentlich wichtigen Einrichtung. Iſt doch das von dem Unterzeichneten erſtmals in Freiburg verwendete Syſtem bereits handelsüblich geworden. Der Verſchluß der Hydranten gegen die Straße bedarf jedoch einer ſorgfältigen Beauſſichtigung ſowohl gegen muthwillige Beſchädigungen als auch gegen das Einroſten des Schloſſes. Sobann muß auch der Hydrant von Zeit zu Zeit auf ſeine Dienſttauglichkeit probirt werden, wie es überhaupt der Einrichtung am ſchäd-lichſten iſt, wenn ſie ſehr wenig gebraucht wird. Es iſt vergleichsweiſe das Nämliche wie bei einem Thürverſchluß; wenn er der Witterung ausgeſetzt iſt und jahrelang nicht gebraucht wird, iſt er nach kurzer Zeit unbrauchbar, da hilft weder Oelfarbe noch Firniß.

Endlich ſei noch auf die Nothwendigkeit der Reinhaltung der Röhren hingewieſen, für welchen Zweck die vielen Spülſchließen und Grundabläſſe an der Leitung ſich befinden. Wird das Röhrennetz nicht in ganz regelmäßigen Zwiſchenräumen vollſtändig durchgeſpült, ſo bewirkt das Waſſer auch hier wie bei der Mösleleitung jene knolligen Sedimentationen, die allmälig die Leiſtungsfähigkeit verringern und ſie ſchließlich auf Null rebuciren.

Möge die gute Conſtitution, welche die Freiburger Waſſerleitung hat, ihr durch an= gemeſſene Pflege auch lange erhalten bleiben!

Anhang.

Es ist unerläßlich, zur richtigen Darstellung des Verlaufes der Freiburger Wasser-versorgungsangelegenheit zunächst die wichtigeren Besprechungen derselben in den Tagesblättern und sodann jene Aktenstücke mitzutheilen, welche der Gemeinderath bezw. der Gemeindevorstand an die Bürgerschaft bezw. den Bürgerausschuß gerichtet und veröffentlicht hat. Der Unter-zeichnete hat deßhalb im Nachfolgenden versucht, in chronologischer Ordnung das ihm geeignet Scheinende wiederzugeben, wobei die Hereinziehung leidenschaftlicher Aeußerungen in der Presse thunlichst vermieden ist. Für jene Leser, welche der ganze Verlauf der Frage in der Tagespresse interessirt, sei hier bemerkt, daß die wesentlichen Artikel von Mitte bis gegen Ende des Jahres 1873 in den zwei Blättern: „Freiburger Zeitung“ und „Oberrheinischer Courier“ erschienen.

In der Gemeinderathssitzung vom 26. August 1873 hatte der Vorsitzende über die von ihm mit mehreren Banquiers und Vorstehern von Geldinstituten der Stadt Freiburg ge-pflogene Besprechung Mittheilung gemacht; es wurde hierauf beschlossen, dem Projecte einer Anleihe beim Reichsinvalidenfond näher zu treten und die hiezu nöthigen Vorbereitungen zu treffen. Die Höhe des Anlehensbetrages war auf eine Million Thaler in Aussicht genommen und für verschiedene Zwecke bestimmt; unter den letzteren befand sich auch die Erbauung der Wasserleitung, für welche, wie bereits mitgetheilt, die Herstellung der Quellenfassung schon in Angriff genommen war. Am 31. August 1873 brachte sodann der Oberrheinische Courier den nachfolgenden Artikel:

Freiburg, 30. Aug. Wir vernehmen, daß eine Stimme im Gemeinderath, die, auf die Waage gelegt, das Zünglein zu sich herüberzieht, sich gegen das 1³/₄-Millionen-Gulden-Anlehen ausspricht. Es ist ein banges, schicksalschweres Wort, das demnächst dem Bürger-Ausschuß auf die Zunge gelegt werden soll. Wir setzen den Fuß auf unbekannten Boden, vielleicht in einen Sumpf, der noch schwieriger anzuzapfen ist, als der Mooswald. Wir haben eine Eisenbahnschuld, außerdem eine schwebende Schuld von 700,000 fl. und wir würden dem Bürgerausschuß vom „Ja“ nicht abrathen, wenn mit der neuen Anleihe wenigstens diese schwebende Schuld getilgt werden wollte. Das wird aber keineswegs beabsichtigt. Das Geld soll zu laufenden Bedürfnissen verwendet werden: Wasserleitung, Bürgerschule, Rheinbrücke, Volksschulen, Schlachthaus. Der Betrag der neuen Anleihe reicht gar nicht. Hat denn Freiburg bisher so viel versäumt, daß dieß Alles in einem Athemzug nachgeholt werden muß mit einem Aufwand, der das Activ-Vermögen der Stadt aufwiegt und ihr eine jährliche Zinslast von gegen 100,000 fl. auflegt? Ein besonnener Mann, ehe er den Fuß vorsetzt zum Tritt in's Unbekannte, hält zuvor Umschau und auch Rückschau; nur der Verwegene oder die Verzweiflung stürzen sich vorwärts. Man thut lieber einen Schritt zurück, so lange es noch Zeit ist, oder auch mehrere Schritte, um bedächtig, wenn es sein muß, eher auf Umwegen wieder vorzuschreiten. Lernen wir von den segensreichen Flüssen, denen eine Biegung nicht zu viel ist, nicht von den sinnlosen, zerstörenden Waldbächen. Giebt es noch Schritte, die zurückgethan werden können? Wir bejahen es. Allerdings der Bau der Bürgerschule, dessen Kosten den ersten Anschlag um den mehr als doppelten Betrag übersteigen, ist zu weit gediehen. Die Frequenz der Schule zu 300 angenommen, kommt jeder Sitz auf der Schulbank auf mehr als 70 fl., so viel, als eine ganze arme Familie verwohnen darf. Aber die Wasserleitung ist nur erst in der Vorbereitung begriffen. Sie kommt auf 700,000 fl. zu stehen; decken wir damit lieber die schwebende Schuld. Das kostspielige Werk ist noch kein flagrantes Bedürfniß. Manch' größere und reichere Stadt würde sich mit dem vorhandenen Vorrath und der Einrichtung unserer grünenden Waldstadt mit ihren schönen Straßencanälen behelfen! Also: „Ja, aber mit mildernden Umständen." Wir bewilligen die Anleihe unter der Bedingung, daß die schwebende Schuld damit abbezahlt wird. Bleiben wir Freiburger noch conservativ, namentlich in wirthschaftlicher Beziehung. Wir bauen keine neue Stadt, wir wollen das alte Freiburg nicht mit Ruinen bedecken. Es ist zu schön um der Reclame zu bedürfen. Die Fremden kommen doch und ziehen es vor, unser jetziges Wasser zu trinken, als mit Einquartierung übermäßig belästigt zu werden. Haben wir aber einmal wieder verfügbare Mittel, so denken wir an unsere Hochschule, an unser Palladium! Zuerst erhalten und dann schaffen!

Hierauf erwiederte ein Correspondent der Freiburger Zeitung in der am 9. September erschienenen Nummer dieses Blattes:

Freiburg, 6. Aug. Wir finden in öffentlichen Blättern Kritiken des Gemeindehaushaltes hiesiger Stadt, die mehr oder weniger Berechtigung haben mögen, im Einzelnen aber offenbar unbegründet und ungerecht sind. — Anderes bei Seite lassend, wollen wir nur Einiges über die Auslassungen in Betreff der Wasserleitung sagen. Es wird dort behauptet, die Herstellung der neuen Wasserleitung würde der Stadt zu den sonstigen Schulden eine neue Schuldenlast von über 600,000 fl. auf, die verzinst werden müßten und es wird deßhalb verlangt, daß für andere unverschiebbare Dinge somit so viel Geld aufgewendet werden müsse, die Ausführung der Wasserleitung sollte verschoben werden. — Hierauf ist zu erwiedern, daß das Kapital für Herstellung der neuen Wasserleitung nur ein von der Stadt vorgeschossenes ist, welches, wenn Quantität und Qualität des Wassers die behauptete ist, ganz zweifellos sich rentiren und mehr und mehr sehr gut sich rentiren wird. Ein ehrlicher Rechner wird darum, wenn seine Berechnung ihm nachweist, daß der anzunehmende Erlös der Wasserberechtigungen den Kapitalaufwand mehr als genügend verzinsen wird, (wie unter den gegebenen Voraussetzungen wohl feststeht) er wird das Kapital nicht zu den unproduktiven Geldverwendungen, zu andern Schulden zählen, welche mittelst Gemeindesteuern 2c. verzinst werden müssen, sondern er muß, wenn er nicht bodenlos leichtfertige Kritik üben will, dieß Kapital außer seiner Schuldenberechnung lassen. Wenn nun weiter verlangt wird, die Ausführung der Wasserleitung soll auf später verschoben werden, so protestiren wir auf's Entschiedenste dagegen. Eine neue und richtige Wasserversorgung ist das allerdringendste Bedürfniß der Bewohner der Stadt und die allererste Verpflichtung der Gemeindebehörde. Bekanntlich ist die Quantität des von der bisherigen Leitung gelieferten Wassers eine steigend ungenügende und behelfen sich Manche deshalb mit Pumpbrunnen, die ein oft geradezu gefährliches Wasser hier geben. Bekanntlich wird die Qualität des jetzigen Wasserleitungswassers zusehends immer schlechter und bekanntlich sind die Sachkundigen der Ueberzeugung, daß dieß hiesige Wasser wenigstens zeitweise in Folge der Mängel der Fassung und Leitung ein ungesundes, krankheitserzeugendes ist und in rascher Proportion immer mehr wird. Wenn die Arbeiten des neuen Wasserwerkes ohne Unterbrechung jetzt vorangehen, wird es noch Jahr und Tag dauern, bis die Leitung fertig und das, wie gesagt, dringendste Bedürfniß der Stadt befriedigt sein wird. Und wir hielten es für geradezu unverantwortlich, wenn die Gemeindebehörden aus grundlosen Geldrücksichten (wie jene Kritikaster es wollen) die Ausführung dieses vor Allem gemeinnützigen und für eine gedeihliche Existenz und für die Blüthe der Gemeinde absolut nothwendigen Werkes hinausschieben würde, unverantwortlich doch gewiß, wenn in sicherer Voraussetzung das Unternehmen ein gut rentables sein wird.

Auf diese ruhige Entgegnung erfolgte nachstehender Artikel im Oberrheinischen Courier:

Freiburg, den 9. Sept. Der — e — Artikel in Nr. 210 der „Freiburger Zeitung" stammt aus einer officiösen Feder und bedarf dringend einer Entgegnung.

Es ist nicht erlaubt, die Versorgung einer Gemeinde mit Trinkwasser als ein bloßes „vorgeschossenes Capital" zu bezeichnen. Trinkwasser ist Lebensbedingung, ist die unerläßlichste aller Gemeinde-An-

ftalten. Die Einwohner haben ein Urrecht, von der Gemeinde Waſſer zu verlangen, es ihnen als ein An-
leihen vorzurechnen, iſt ein unangemeſſener Ausdruck. Oeffentliche Brunnen und Waſſervorräthe gegen
Feuersgefahr ſind eine Schuld der Gemeinde an ihre Angehörigen, und für dieſes Erforderniß iſt keine
Steuer zu hoch. Aber dieſes Bedürfniß iſt gedeckt, dafür haben unſere Väter vor bald 1000 Jahren ge-
ſorgt. Es iſt nur anzuerkennen, daß auch wir für die Zukunft ſorgen, wie unſere Väter, daß wir auf
Mittel denken, neue Quellen zu erſchließen, unſern Vorrath zu vergrößern. Wir können hier Quellwaſſer
bezeichnen, reines Quellwaſſer, das zur verſtärkten Speiſung der Brunnen trefflich dient, und, wenn wir
nicht ſehr irren, kann die Abtretung deſſelben geſetzlich verlangt werden, auch wenn es im Beſitz von
Privaten iſt.

Jetzt aber will man das Kind mit dem Bade ausgießen; die alte Leitung muß fort, ſie muß
einer neuen Platz machen.

Nur in einem Falle müßten wir dem Gegner beiſtimmen, wenn, wie er behauptet, das vorhandene Waſſer ungeſund wäre. Dagegen ſpricht aber eine mehrhundertjährige Erfahrung und es gehört eine
erhöhte Rechnungs-Temperatur dazu, daß die Cholera und die andern böſen Fieber ſchon an der Gemar-
kungsgrenze ſtehen und nur noch eine Friſt von Jahr und Tag gegeben haben, bis die Waſſerleitung
vollendet iſt. Bange machen gilt nicht. Weder Einſchüchterungen noch Verſprechungen können uns
beſtimmen.

Man ſagt uns nämlich, die neue Waſſerleitung verzinſe ſich reichlich. Wir erlauben uns, dieß zu ver-
neinen. Den Brunnen zu 40 fl. (ſoviel koſtet ein ganzes Brunnenrecht) berechnet, wären dazu 800—900 Brunnen
erforderlich, und wie viele Conſumenten ſind hier, die dieſen Aufwand machen wollen. Das frage ſich Jeder ſelbſt.

Wohl wird ſich mit der Zeit die Privatconſumtion nach und nach ſteigern, aber langſam und
die angegebene Zahl wird nie, nie zur Hälfte erreicht werden.

Wir werden hier an Ziffern gewöhnt, die unmöglich wären, wenn die fünf Milliarden nicht noch
im friſchen Gedächtniſſe wären.

Wir rechnen auch, und wir rechnen ſo ehrlich als der Gegner, aber wir rechnen bedächtlich nach
den 4 Species.

Warum tritt man jenſeits nicht vor die große Oeffentlichkeit, warum legt man uns die Gutachten
der Aerzte und Chemiker über die der Stadt durch das Trinkwaſſer drohende Peſtilenz, warum legt man
uns die Factoren nicht vor, worauf die jenſeitige Berechnung beruht?

Warum ſollen wir nicht zweifleriſch und ſelbſt ungläubig werden Angeſichts des Baues der hö-
hern Bürgerſchule, die nur etwas über 200,000 fl. koſten ſoll. Alle Bauverſtändigen ſchütteln doch den
Kopf dazu, und wir wiſſen es beſſer.

Man hüte ſich wohl, uns „Kritikaſter" zu ſchelten. Unſere Kritik iſt billiger und ebenſo uneigen-
nützig, als die Projectenmacherei unſerer Tadler.

Beinahe gleichzeitig erſchien auch:

Eine Stimme über die hieſige neue Brunnenleitung. Von einem Sachverſtändigen.

Freiburg, 10. Sept. Die Gründung einer neuen Waſſerleitung für die hieſige
Stadt bewegt viele Gemüther durch die ſchweigſame Weiſe, mit welcher bei dieſem Geſchäfte verfahren
wird. Namentlich ſind es die enormen Koſten, die für die Vorarbeiten vorgeſehen, reſp. ſchon veraus-
gabt ſind, um am Ende doch nur Dreiſamwaſſer zu haben, was ſchon mehr als wahrſcheinlich iſt. So
viel ſteht für uns feſt, daß das unter dem Spiegel der Dreiſam geſammelte Waſſer nichts anderes iſt
als das unter dem lockern Gerölle ſich verbreitende Waſſer dieſes Fluſſes, und um dieſes zu gewinnen,
brauchte man es nicht ſo weit herzuleiten. Die Dreiſam hat einen ziemlich langen Lauf und berührt viele
Ortſchaften, deren verunreinigte Bächlein und wirkliche Quellen, auf deren gedüngten Feldern und Wieſen
alles Waſſer in die Dreiſam fließt und wenn auch durch die Menge reinen Waſſers verdünnt und durch den
Kies und Sand ſich verbreitend gereinigt, es endlich als rein gelten könnte, ſo wird es doch immer Salz-
und Stoffe aufgelöſt haben, die, wenn auch nur durch die Vorſtellung und Einbildung in uns Wider-
willen und Eckel erregen, aber auch dieſes Moment iſt ſogar ſehr zu würdigen. Man bedenke nur, daß
alle menſchlichen und thieriſchen Excremente, Leichenſtoff, Aas jeder Art, Krankenſtoff, Kirchhöfe, gedüngte
Wieſen, verfaulte Pflanzen, wenigſtens mit dem Regenwaſſer in Berührung und Auflöſung kommen, dieſes

so gespickt den Niederungen d. h. hier der Dreisam zufließt, die ihrer Seits sich wieder weiter verbreitet und versenkt, um endlich mit Aufwand enormer Summen von den Gründern, die nach der Erfahrung immer auf die Unkenntniß der meisten Menschen bauen können, als mit vieler Vor= und Umsicht erfundene Trink= quelle ausgegeben zu werden. Es soll nicht gesagt sein, daß hier eine Gründung auf Diäten, Inspections= gebühren, große Gebühren für eine unnöthig kostspielige chemische Untersuchung vorliege, allein das möchten wir wissen, wozu so viele Tausende verwendet werden, ohne dem Publikum zu sagen, was geschehen und was geschieht, ob man auch verschiedene erfahrene Techniker zu Rathe gezogen und andere Erfahrungen und die Kosten und die Erfolge reichlich in Erwägung gebracht hat, oder ob bloß der Gemeinderath die Hand ist, welche dieses Geschäft leitet. Wir wollen für jetzt nur sagen, daß dieses Geschäft Kenntnisse voraussetzt, die nur einzelnen Männern zu Gute kommen, und in welches sich nicht Leute einmischen sollten, deren Beruf weit vom Wissenschaftlichen entfernt ist, mögen sie sich in ihrer Stellung auch noch so für weise halten.

Eine Angelegenheit von so großer Wichtigkeit gehörte par excellence öffentlich behandelt, und unsere Bitte geht vorläufig dahin, daß es der Gemeindespitze gefällig wäre, 1) uns über die Vorarbeiten und den Kostenaufwand umfassende Auskunft zu ertheilen, 2) uns den Beweis zu liefern, daß das Was= ser, welches man zu beschaffen im Begriffe ist, auch wirkliches Quellwasser, d. h. ein solches, das mit keinen menschlichen Wohnstätten in Berührung gekommen sei. Die aufgefundenen chemischen Bestandtheile oder auch das Nichtauffinden solcher kann uns nichts beweisen, da wir die Gebirgsbeschaffenheit kennen und das Wasser, durch welche es fließt oder sickert, im Voraus zu beurtheilen wissen, und wissen, daß Kosten für eine verfrühte Analyse höchst überflüssig sind. Wir wissen ferner, daß alles Wasser, welches über dem Wasserspiegel der Dreisam gesammelt werden kann, ein taugliches und appetitliches Trinkwasser ist und daß alles Wasser tiefer gesammelt diese Eigenschaften nicht hat. Können wir nun im obigen Sinne ein appetitliches Wasser erhalten und der Stadtgemeinde kommt es auf 40 bis 50 Tausend Gulden nicht an, so werden wir uns um die Kosten wenig kümmern, da der Hauptzweck erreicht ist, im andern Falle aber nicht und das Unternehmen wäre ein ebenso tadelnswürdiges als dasjenige, welches seiner Zeit in der berühmten Stadt B** zur Untersuchung kam, bei welcher der Verfasser dieser Zeilen als Experte fungirte und wo die Gründer eine so beschämende Entdeckung erfahren mußten.

Die Freitagsnummer des Oberrheinischen Couriers brachte im weiteren Verfolge der Wasserleitungsangelegenheit noch das Folgende:

Freiburg, 10. Sept. So wüßten wir denn nun jetzt, was alles aus der Million=Thaler=An= leihe geschaffen werden soll!

Es sind bestimmt:

fl. 100,000 für den höheren Bürgerschulbau,
„ 700,000 zur Wasserleitung,
„ 300,000 zum Brückenbau über den Rhein,
„ 100,000 für ein Schlachthaus,
„ 200,000 für ein Knabenschulhaus und
„ 142,000 zur Schuldenzahlung an die Sparkasse, es verbleiben somit fl. 207,000, von welchen jedoch noch etwa 26 bis 27,000 fl. für Provision und sonstige Kosten abgehen, da das Darlehen nur zu 98½ für 100 erhältlich ist. Ueber einen Rest von fl. 180,000 wäre daher noch zu verfügen, denn es geht nicht, den zur Schuldentilgung bestimmten Betrag von fl. 142,000 doppelt zu rechnen, „weil diese ihrem bisherigen Verwendungszwecke nicht entzogen werden könnten." Man müßte folglich gerade wieder so viel neue Schulden machen. Wirklich eine sonderbare Motivirung!

Es soll durchaus nicht verkannt werden, daß die gemachten Vorschläge auf wesentliche Verbesse= rung seitheriger Zustände abzielen und in so fern wirthschaftlich redlich und wohlgemeint sein mögen, den= noch wird man einräumen müssen, daß sich sowohl über die Größe der Beträge als die Reihenfolge der Unternehmungen rechten läßt. Ein Streit um letztere kann übrigens zurücktreten bei dem Umstande, daß die Mittel zu gleichzeitiger Verwendung in Hülle und Fülle geboten werden. Wir schwimmen in einem embarras des richesses; haben zwar viel Geld, aber doch vielleicht nicht genug!? Der Bürger=Ausschuß nahm die Mittheilungen des Herrn Gemeindevorstandes schweigend entgegen, wir werden es daher, wenn nicht Alles täuscht, mit einer so gut wie beschlossenen Sache zu thun haben, und beschränken deßhalb un=

fere Bemerkungen auf die Art und Weise der Verwendungen und die möglichen Folgen, wobei wir ganz offen sagen, daß wir das „Wie" des bisher Geschehenen nicht billigen. Hätten auch wir der in diesem Blatte schon ausgesprochenen Ansicht beipflichtend dem Baue eines Knabenvolksschulgebäudes die Priorität zuerkannt, so ist nun einmal dem Bau der höheren Bürgerschule vor einem solchen den Vorzug gegeben worden. Wir tadeln auf's Entschiedenste dessen allzu luxuriöse Ausführung, die für unsere Verhältnisse nahezu an Verschwendung streift. Sollte auch ein Uebriges in architektonischer Beziehung gethan werden, so durfte man doch nicht so gewaltig auf den Geldsack pochen. Wir besorgen fast, daß des Guten in der That zu viel geschieht und wir den allzubeträchtlichen Kostenaufwand noch schwer empfinden müssen. Als Karlsruhe vor einigen Jahren sich auch eine neue höhere Bürgerschule erbauen ließ, stellte man einen ganz zweckentsprechenden Bau für ungefähr fl. 100,000 her; indessen derselbe wurde bescheiden ausgeführt, ungeachtet daß die Residenzstadt es war, die baute. Der hiesige Neubau dagegen ist ein Spiegelbild unserer Zeit. Wie anspruchslos und bescheiden, gleichwohl stattlich, steht ihm das nahe gelegene Gymnasiumsgebäude gegenüber, in welchem die humanistischen Wissenschaften ihre Pflege finden! Wie prunkvoll und fast majestätisch wird die höhere Bürgerschule als Pflanzstätte der realistischen dasselbe überragen! Wir haben völlig außer Acht gelassen, ein verständiges Maß einzuhalten. Wenn die höhere Bürgerschule wirklich an fl. 400,000 kosten sollte, dann ist offenbar schwer gefehlt worden.

Mit einer solchen Summe wäre für höhere Bürgerschule, Knabenvolksschulgebäude und Schlachthaus bei richtiger Verwendung nahezu auszureichen gewesen. Ungeschehen läßt sich's leider nicht mehr machen, trotzdem aber sollen Knabenvolksschulgebäude und Schlachthaus nicht darunter leiden, deren baldige Herstellung wohl sehr wünschenswerth, doch nicht so brennend ist, daß es sofort geschehen müßte. — Für alle Fälle ist größtmöglichste Vorsicht geboten, auf daß es nicht wie bei der höheren Bürgerschule ergehe und für Knabenvolksschule und Schlachthaus auch da der doppelte Betrag des Anschlages, somit eine Summe von fl. 600,000 am Ende nicht ausreicht.

Wirthschaftlich betrachtet zählen die Posten für die höhere Bürgerschule, das Knabenschulhaus und zum Theile auch das Schlachthaus zu den unproductiven.

Wir rechnen das Schlachthaus bei, weil die Rente daraus wahrscheinlich nur eine unbedeutende sein wird. Productiv wären somit allein die Wasserleitung und der Brückenbau; aber auch davon darf man sich keine großen Erwartungen machen. Die erstere bringt auf Jahre hinaus einen in die Tausende wachsenden jährlichen Zinsenausfall und mit letzterer wird es schwerlich viel besser ergehen. Auf fernere Beibehaltung der Eisenbahn sollte unseres Erachtens ohnehin kein zu großes Gewicht gelegt werden; die Strecke ist zu klein und die Brückenbaukosten bei gestellten Anforderungen für solche unverhältnißmäßig groß; wo soll das bessere Erträgniß dann herkommen? Bei den wesentlich anders gewordenen Verhältnissen eignet sich das kleine Bahnstück zur Uebernahme für die Staatsbahn oder deren käufliche Ueberlassung an die Reichslande.

Es gab eine Zeit, wo Freiburg und Breisach sich zum Selbstbau entschließen mußten, wollten sie die Bahnverbindung erstellt sehen. Jetzt hat das deutsche Reich das größte Interesse, die Brücke gebaut zu sehen. Wohl und gut, Baden und das Reich mögen sich darüber verständigen und das eine oder andere die Bahn mitübernehmen. Es sollte dieß zu ermöglichen sein.

In Betreff der Wasserleitung hätte eine bessere Ausbeute der Mösslequellen, wie sie früher einmal im Project gelegen haben soll, wie man uns versichert, noch für eine Reihe von Jahren hingereicht, uns mit Wasser ausgiebig zu versorgen, freilich wäre dann auf den großen Druck für Anlage von Springbrunnen und sonstige Annehmlichkeiten und Bequemlichkeiten um den Preis der Vermeidung einer erheblichen Umlage-Steigerung zu verzichten gewesen.

Wir möchten der Gemeindevertretung sehr anrathen, sich die alsbaldige Herstellung der Wasserleitung doch zweimal zu überlegen. Aufgeschoben ist nicht aufgehoben und schreckt der Bürgerausschuß vor dem großen Kostenaufwande und dessen unausbleiblichen Folgen nicht zurück, dann erlauben wir uns den dringenden Wunsch noch auszusprechen, daß bei aller Achtung vor dem leitenden Techniker der gutachtliche Beirath der einen oder andern Autorität nicht verabsäumt würde. Eine Summe von fl. 700,000 ist aber für Freiburg eine große.

Man gebe sich doch nur keiner Täuschung hin; die wirthschaftlichen Vortheile werden uns doch zu stehen kommen.

Freiburg, 11. Sept. Die „Freibg. Zeitg." ist aus ihrem Stillschweigen herausgetreten und läßt sich nun auch über die Million-Thaler-Anleihe vernehmen. Es geschieht dieß in Nr. 209 und 210 in einer Weise, die den hohen, wichtigen Interessen, um welche es sich handelt, schlecht ansteht. Wir verschmähen eine persönliche Polemik und halten uns rein sachlich. Der erste Artikel ist eine Poltronnerie, wir würdigen ihn deßhalb keiner Antwort und lassen uns in einer Pflichterfüllung nicht beirren. Der zweite phantasirt willkürliche Variationen über das Wasserleitungsunternehmen. Der „ehrliche Rechner" macht ganz gewaltige Schnitzer.

1. Gibt er an, daß behauptet worden sei, die Herstellungskosten betrügen zu 600,000 fl. — während eine solche Summe nirgends genannt wurde. Er vergißt völlig die f. 3. gemachten Mittheilungen des Herrn Gemeindevorstandes, wornach der Anschlag zwar 550,000 fl. betrage, die Kosten jedoch auf 700,000 fl. zu tariren seien.

2. Dagegen wird breit behauptet, „daß das aufgewendete Capital, wenn Quantität und Qualität des Wassers die behauptete sei, ganz zweifellos rentiren und mehr und mehr sehr gut sich rentiren wird." Wir entgegnen: 700,000 fl. mit Hinzurechnung von etwa 10,000 fl. Provisionsantheil erfordern zu 4½% jährlich ungefähr 32,000 fl. Zins nebst ein paar tausend Gulden Betriebs- und Unterhaltungskosten. Man muß sehr zufrieden sein, wenn die Hälfte davon durch Privatbrunnen gedeckt wird. Wir bezweifeln dieß und noch Viele mit uns. Auch wir verkennen keineswegs die Vortheile einer guten Wasserversorgung und bringen gerne dafür Opfer; wir verlangen auch durchaus nicht, daß die Privaten Alles decken müssen; die Gesammtheit soll auch ihren Antheil tragen. Jedoch wollen wir darüber klarer sehen, als dieß bis jetzt möglich gemacht ist und auch sicher sein, daß derselbe kein so unverhältnißmäßig großer werde, daß er über die Kräfte geht. Unser „ehrlicher Rechner" braucht sich darüber aber nicht zu besinnen; denn nach ihm wird sich der Capitalaufwand mehr als genügend verzinsen, ja er verspricht gar noch eine Rente darüber hinaus. Wer so urtheilt, kennt die hiesigen Verhältnisse gar nicht.

3. Weiter sagt man: „Bekanntlich ist die Quantität des von der bisherigen Leitung gelieferten Wassers eine ungenügende." Nun weiß aber doch Jedermann, der von der dermaligen Wasserleitung Kenntniß hat, daß der Wasservorrath lange nicht ausgenützt werden kann, weil die ursprüngliche Zuleitung fehlerhaft angelegt worden ist. Bei einer Rectification derselben liefert die jetzige noch auf lange Jahre hinaus Wasser genugsam.

4. Wird ferner auch wiederum geradezu als „bekanntlich" behauptet, daß die Qualität des jetzigen Wassers zusehends immer schlechter werde, und versichert, daß die Sachkundigen der Ueberzeugung wären, daß das hiesige Wasser in Folge des Mangels der Fassung und Leitung ein ungesundes, krankheitserzeugendes ist und in rascher Proportion immer mehr wird.

Daß die Fassung im Laufe der Zeit eine mangelhafte geworden, ist richtig. Man verbessere sie nur, was doch so wie so einmal geschehen muß, und die Uebelstände werden beseitigt sein.

Wie die Leitung auch vollends die Qualität verschlechtern soll, das ist schwer begreiflich.

Nun rühmt man seit längster Zeit dem Mößlewasser allgemein nach, daß es chemisch so rein sei, um in den Apotheken an Stelle der aqua destillata gebraucht werden zu können. Der Herr Artikelverfasser möchte uns sogar den Bären aufbinden, daß in der Mitte des Dreisamthales das Wasser besser als an den Bergwandungen sei. In seiner Kurzsichtigkeit bedenkt er dabei nicht, daß die Mößle-Wasserleitung für Wiehre ja beibehalten werden soll. Für diesen Stadttheil müßte somit das schlechte Wasser immer noch gut genug sein. Auch nicht übel! Wir erwiedern, daß mit leeren Behauptungen in Tag hinein nichts bewiesen wird, und nicht Jemand von und über eine Sache öffentlich sprechen sollte, der nicht davon auch Etwas versteht. Durch einen oberflächlichen Artikel dient man derselben nicht, so wenig wie mit einer bodenlos leichtfertigen Kritik. Darin sind wir mit dem Manne einverstanden, daß das Unternehmen seiner Natur nach zu den productiven zählen sollte; gleichwohl sind wir der Meinung und die Erfahrung wird es leider bestätigen, daß dasselbe zu den schlecht productiven gehört. Mehr wie naiv fordert unser Gegner, daß das Anlagecapital einfach außer der Schuldenberechnung gelassen werde. Man sieht, derselbe ist über die Anfänge des a b c einer gesunden Wirthschaftslehre noch nicht hinaus, da ist mit x y z nicht zu rechnen. Die Gemeindebehörde hat alle Ursache, für eine solche Unterstützung sich höflichst zu bedanken.

Es war des Zusammenhanges wegen nicht zu umgehen, beide Artikel ganz wiederzugeben; von dem, in der Samstagsnummer erschienenen sei hier nur das auf die Wasserleitung bezügliche angeführt:

Freiburg, 12. Sept. Betrachtet man den Einfluß der Unternehmungen von der finanziellen Seite, so ist außer Zweifel, daß das Heranziehen auswärtiger Capitalien sich vielfach günstig äußern wird, zumal während der Verwendungszeit. Schon weniger erfreulich wird sich derselbe in der Folge für die Gemeindehaushaltung erweisen. Man wende uns doch nicht ein, daß die Wasserleitung sich selbst verzinsen und auch gar noch amortisiren werde. Das heißt Sand in die Augen streuen. Die Wasserleitungsschuld zu 700,000 fl. angenommen, bedarf mit Einrechnung der Geldbeschaffungskosten von 1½°% jährlich rund 32,000 fl. zur Verzinsung ohne die Betriebs- und Unterhaltungskosten. Die Hälfte jener Summe allein erfordert zu den bereits bestehenden Brunnenrechten nicht weniger als ca. 1450 sogenannter halber Brunnenrechte (ein solches genügt für den Bedarf eines Hauses reichlich.) Es ist dieß sehr viel und wollte man davon die seitherige Jahresmiethe von 22 fl. erhöhen, so ist zu befürchten, daß jene Anzahl nicht abgesetzt wird und wäre man dann schlimmer daran. Es werden daher höchst wahrscheinlich auf die Gemeinde an 18—20,000 fl. jährliches Deficit für längere Zeit fallen.

Um den Berechnungen des Oberrheinischen Couriers entgegenzutreten, brachte sodann ein Correspondent der Freiburger Zeitung die nachfolgende Auseinandersetzung:

Freiburg. (Zur Wasserleitungsfrage) Herr Oberbürgermeister Schuster hat erklärt, daß die Kosten für die neue Wasserleitung auf 550,000 fl. veranschlagt seien, daß aber 700,000 fl. vorgesehen werden sollen, nicht etwa deßwegen, weil man dem — übrigens jedem Sachverständigen zur Einsicht offen liegenden — Veranschlage kein Zutrauen schenke, sondern weil an eine Erweiterung der Anlage bis Herdern, sowie an einige Springbrunnen gedacht war. Eine hiesige Zeitung hat unter Zugrundelegung dieser Zahlen Rentabilitätsberechnungen angestellt, denen wir Einiges entgegenzuhalten haben.

Ein Vergleich zwischen der jetzt bestehenden Mößleleitung bezw. den Preisen für die seitherigen Brunnenrechte ist nicht in der Weise statthaft, daß man annimmt, auch die neue Wasserleitung werde nach dem alten System berechnet. Die Mößle-Leitung liefert seither wegen ihrer geringen disponiblen Druckhöhe das Wasser nur in das Parterre der Häuser.

Die neue Wasserleitung soll aber nicht nur das Parterre der Häuser, sondern sämmtliche Stockwerke mit Brunnen versorgen und wir dürfen deßhalb auch nicht sagen, so viel Häuser, so viel Brunnenrechte. Wenn in einem Hause mehrere Familien wohnen, so werden auch mehrere Brunnen errichtet werden. Dieß ist wenigstens überall so geworden, wo derartige neue Anlagen gemacht wurden und es liegt kein Grund vor, anzunehmen, daß es hier anders wird. Man darf deßhalb auch anderwärts eine andere Berechnung, als die hier bis jetzt übliche, eben in Rücksicht auf das vorhin Gesagte, indem man fast überall einen Prozentsatz des Miethwerthes der Häuser, als Maßstab der Berechnung des Wasserzinses für den gewöhnlichen Hausgebrauch annimmt. Außergewöhnlicher Verbrauch wird besonders bezahlt und bei Verkaufslocalen im Parterre auch eine besondere Rechnung gestellt. Auf den Wunsch des Einzelnen kann das Wasser auch durch Meßapparate zugeführt und der Verbrauch wie beim Gas gemessen werden. Von dem Gesammt-Wasserbedarf, der auf 150 Liter per Kopf und Tag angenommen werden kann, werden nach anderwärts gemachten Erfahrungen etwa 43% durch den gewöhnlichen Hausgebrauch, 18% durch den Gewerbebetrieb, 16% zu Luxuszwecken und 23% zu gemeinnützigen öffentlichen Zwecken gebraucht. Für den Gewerbebetrieb soll das Wasser gleich billig, wie für den Hausgebrauch geliefert werden, während der Luxusverbrauch eine höhere Anlage erträgt. Nehmen wir bei der gegenwärtigen Einwohnerzahl Freiburgs, (die neue Wasserleitung ist für 40,000 Einwohner berechnet) an, es gesellen sich nur 2000 Familien an der neuen Wasserversorgung, die im Durchschnitt eine jährliche Miethe von 300 fl. bezahlen, so wäre dies 3% Aufschlag gleich einer Einnahme von ca. 18,000 fl. Aus dem Wasserverbrauch für den Gewerbebetrieb wäre nach den obengenannten Voraussetzungen 18×18000: 43 = ca. 7540 fl. zu erzielen. Bezahlt der Luxusverbrauch (Springbrunnen, Closets, Haus-Bäder, Chaisen und Luxuspferde ꝛc.) etwa den 1½fachen Betrag dessen, was der Hausverbrauch, so beträgt dies 16×1,5×18000: 43 = ca. 10,000 fl. zusammen bis jetzt 35,510 fl. Hierzu käme noch der Beitrag, den die Gemeinde als Entgeld für das zu gemeinnützigen Zwecken verwendete Wasser zu bezahlen hätte.

Die Annahme von 2000 Familien ist in Anbetracht, daß gegenwärtig hier schon über 1300 Häuser ohne Wasserversorgung sind, keine verwegene. Ebenso ist der Prozentsatz unserer Rechnung nicht zu hoch, da im Durchschnitt bei fl. 300 Miethwerth ein Brunnen zum Hausgebrauch auf fl. 9 — zu stehen kommen wird.

Soll nun das Anlagekapital mit fl. 700,000 in den nächsten 50 Jahren amortisirt und während dieser Zeit noch mit 4½ % verzinst werden, so ist ein jährlicher Aufwand von ca. fl. 35,500 erforderlich. Der Beitrag, den demnach die Gemeindekasse factisch leisten müßte, wäre also negativ, eventuell der Wasserzins kann ohne Schädigung dieser Casse herabgesetzt werden.

Auf absolute Genauigkeit kann eine derartige Rechnung natürlich keinen Anspruch machen, ehe man im Allgemeinen die Betheiligung der Einwohnerschaft an einem solchen Unternehmen kennt, doch dürfte dadurch wenigstens der Weg gezeigt sein, wie man in solchen Fällen rechnen soll.

Herr Oberbürgermeister Schuster hat uns auch in der letzten Ausschußsitzung mitgetheilt, daß die Offerte einer Actiengesellschaft an den Gemeinderath eingegangen sei, welche die Anlage auf Actien errichten wolle, dergestalt, daß ein Theil des den gewöhnlichen Zinsfuß übersteigenden Reingewinnes zur Amortisation der Actien zu Gunsten der Stadt verwendet wird, so daß sie nach einer Reihe von Jahren in den freien Besitz der Anlage kommt.

Lediglich aus uneigennützigen Absichten ein solches Offert zu machen, ist heutzutage nicht mehr üblich, so wenig es früher mit der Gasfabrik der Fall war.

Diese wenigen Zeilen sollen nur kurz den Weg angeben, wie man die Angelegenheit ruhig auffassen kann. Wie wir hören, erhält der Bürgerausschuß unter genauer Angabe der Verhältnisse an andern Orten eine detaillirtere Auseinandersetzung über diese Angelegenheit, gedruckt und so zeitig, daß sich jedes der Mitglieder schon vor der Sitzung über die zu erwartende Rentabilität des Unternehmens informiren kann.

Und hierauf erwiederte der Oberrheinische Courier:

Freiburg, 17. Sept. Die „Freib. Ztg." enthält in Nr. 217 endlich einige schätzenswerthe Mittheilungen über das neue Wasserleitungsunternehmen. Denselben zufolge soll dieses nach einem andern Systeme ausgeführt werden, als die bisherige Leitung. Ganz begreiflich ist, daß, so bald ein solcher Entschluß feststeht, es vollständig überflüssig wird, noch Erörterungen darüber anzustellen, ob die wenigen Mängel der Mösle-Leitung denn nicht beseitigt, auf deren Wasser-Vermehrung und dessen vollkommenere Ausnützung nicht abgeholfen werden sollte? Beide Systeme lassen sich nämlich nicht mit einander verbinden. Aus dem Verlassen des bisherigen ist dessen Unbrauchbarkeit nicht zu folgern, wohl aber klar, daß demselben alle möglichen Gebrechen angedichtet werden, um es zu Gunsten des neuen, dem entgegengesetzt ebenso alle denkbaren Vorzüge angerühmt werden, in Schatten zu stellen. Wir wollen uns gegen eine solche Taktik nicht ereifern, wiewohl sie nicht redlich ist und das Urtheil trügerisch macht. Es genüge zu constatiren, daß es bei einer solchen Voreingenommenheit völlig undankbar sein dürfte, nur darauf auch noch aufmerksam zu machen, daß die ökonomischen Rücksichten doch nicht ganz bei Seite gesetzt, sondern gebührend in die andere Waagschaale gelegt gehören; ist es doch denkbar, daß die gegenwärtige Leitung, mit mäßigen Kosten erweitert und verbessert, noch für eine Reihe von Jahren ausreichte, ohne die dermalen nach allen Seiten hin in Anspruch genommene Stadtgemeinde so schwer zu belasten. Wir sind so frei, dieß auch jetzt noch zu glauben, trotz der aufgemachten verlockenden Rentabilitätsberechnung, welche um so verführerischer klingt, als sie die Amortisation binnen 50 Jahren aus sich selbst verheißt und der in jüngster Zeit hart bedrängten Gemeindekasse zu unentgeltlichen Nützung des Wassers für gemeinnützige Zwecke sogar noch einen erklecklichen Ueberschuß — verspricht. Treten wir der Untersuchung derselben etwas näher, so finden wir, daß die Annahme eines täglichen Gesammtwasserbedarfes von 150 Liter per Tag und Kopf eine zu hohe ist und der Ertrag von 18,000 fl. jährlich aus der Privatbetheiligung für den Hausgebrauch auf's Maximum angespannt wird; keinesfalls kann auf denselben jetzt bei einer Einwohnerzahl von 25,000 gerechnet werden. Eine Einnahme von 7540 fl. aus dem Wasserverbrauch für gewerbliche Betriebe ist sodann mehr wie unwahrscheinlich, weil wir außer den Bierbrauerein und Hotels keine Gewerbe besitzen, keines sich ein erheblicher Wasserconsum erwarten läßt; es müßte daher jedes der größeren Etablissements jährlich wenigstens mehrere hundert Gulden einbringen. Der Ansatz von 10,000 fl. vom Luxusverbrauche (Springbrunnen, Closets, Hausbäder, Chaisen- und Luxuspferde 2c.) ist ganz gewiß eine Fehlrechnung! 35,540 fl. jährliche Wasserzinse ergeben auf den Kopf der Bevölkerung durchschnittlich 1 fl. 24 kr. Da jedoch anzunehmen ist, daß mindestens ⅘ derselben vermöge ihrer Lage und Verhältnisse auf kostenfreien Wasserbedarf angewiesen sind, so hätte ⅕ jene Summe aufzubringen und käme dann auf den Kopf derselben 7 fl. jährlich. Aus diesen Zweifeln führt eine einfache Erhebung der fest anzunehmenden Zuleitungen, wie dieselbe in diesem Blatte vorgeschlagen wurde, hinweg; ihr Ergebniß läßt dann Bedürfniß und Rente besser erkennen und die Wahrscheinlichkeits-Coefficienten eher finden, welche man mit viel größerer Zuversicht in Rechnung stellen kann, als wenn man dieselben aus andern mit den hierortigen zum Theil wesentlich verschiedenen Verhältnissen abgeleiteten Zahlen entnimmt.

Den verheißenen weiteren Aufschlüssen sehen auch wir gerne entgegen, die den Bürgerausschuß informiren sollen, damit derselbe sich ein Urtheil über die Rentabilität des Unternehmens bilden könne. Uebrigens will uns für alle Fälle angezeigt und räthlich zu sein scheinen, den Zuschlag, welcher Hr. Ober-bürgermeister Schuster mit 150,000 fl. für Erweiterung der Anlage bis Herdern und einige Springbrunnen jetzt schon machen will, vorerst noch abzusagen und sich unbedingt an dem Kostenaufwande von 550,000 fl. genügen zu lassen, um recht zufrieden sein zu können, wenn er nicht mehr betragen sollte.

Der Meinung können wir uns gleichwohl auch dann nicht entschlagen, daß, wenn die neue Lei-tung zur Ausführung gelangen muß, statt des Behelfes durch Verbesserung und Erweiterung der seitherigen, wir bewährtes Gutes gegen zweifelhaft Besseres mit großen Opfern tauschen!

Als nun bekannt wurde, daß der Gemeinderath eine Denkschrift über die Wasserver-sorgungs-Angelegenheit ausarbeiten und veröffentlichen werde, kam im Oberrheinischen Courier nachfolgende, allerdings nicht leidenschaftslose Correspondenz, die zum richtigen Verständniß der Meinung des Correspondenten jedoch in ihrem ganzen Umfange hier wieder gegeben wird, besonders weil ihr Schlußsatz recht deutlich die Tendenz des Ganzen enthält:

Freiburg, 18. Sept. Jüngst sprach sich ein hiesiger Gemeinderath in einem öffentlichen Locale, wo man u. A. auch wie allenthalben in neuester Zeit die Million-Thaler-Anleihe discutirte, dahin aus, daß damit, daß der Gemeinderath sich in Berlin um eine Million Thaler verwendet habe, noch lange nicht gesagt sei, daß nun auch eine ganze Million aufgenommen werde, zumal ja noch gar nicht feststehe, ob die Verwaltung des Reichsinvalidenfonds eine ganze Million bewillige, da möglichst alle sich bewerbenden Ge-meinden berücksichtigt werden sollten. Was sodann weiterhin die neue Brunnenleitung angehe, so werde gegenwärtig eine Denkschrift hierüber ausgearbeitet und an die einzelnen Ausschußmitglieder noch geraume Zeit vor der diesbezüglichen Sitzung eingehändigt werden, so daß sich dieselben dann auf das Eingehendste über die bei dieser Angelegenheit in Betracht kommenden Fragen und Punkte orientiren könnten. Endlich werde der Gemeinderath in dieser Angelegenheit auch fernerhin unbeirrt seinen (d. h. also den seitherigen!!!) Weg gehen und sich nicht im mindesten um das verschiedene „Zeitungsgewäsche" kümmern.

So unser Rathsherr! Sehen wir nun zu, was hierauf etwa zu sagen wäre.

Was also die Million-Thaler-Anleihe betrifft, so wird man demnach, wenn eine volle Million zu erhalten ist, dieselbe auch nehmen und natürlich auch verwenden; ist aber keine ganze Million zu bekommen, so wird man sich auch mit weniger begnügen und dann nur das ausführen, was sich mit dieser geringern Summe ausführen läßt, d. h. mit anderen Worten: Nicht die Dringlichkeit der verschiedenen auszuführen-den Arbeiten entscheidet über ihre Ausführung, sondern die Höhe des realisirbaren Anlehens, während doch wahrlich umgekehrt zu untersuchen wäre, was unaufschiebbar gemacht werden muß, und hiezu müßte man dann auf jegliche Art Geld zu erhalten suchen.

Ueber die künftige Höhe der Umlagen entscheidet sonach nicht das unbedingte Gemeindebedürfniß, sondern die realisirbare Höhe des Anlehens! Es ist das fürwahr ein schlechter Trost. Man kann daher nicht anders, als dem Publicum immer und immer wieder das einfachste Rechnungsverfahren entgegen zu halten! Eine volle Million Thaler gibt, da sie auf einmal aufgenommen werden muß und sich mindestens zwei Jahre nicht verzinst (höhere Bürgerschule, Volksschule ꝛc. natürlich gar nie) an Umlagen ein Mehr von 30 kr., d. h. also eine Gesammtumlage von 48 kr. von 100 fl. Steuercapital, denn eine Million Thaler oder was dasselbe ist, 1,750,000 fl. erfordern zu 4½ % einen jährlichen Zinsenaufwand von 78,750 fl., was wenigstens, so lange die Einwohnergemeinde nicht eingeführt ist, eine Umlage von 30 kr. ausmacht, dazu die seitherigen 18 kr., macht richtig obige 48 kr. Bei dieser Rechnung ist aber die Tilgung der Anleihe noch gar nicht berücksichtigt, zieht man diese auch in Betracht, so muß man einen jährlichen Zinsenbedarf von 5½ %, also 95,750 fl. decken, was eine Umlageerhöhung von 42 kr. ausmacht, dazu die seitherigen 18 kr. gerechnet, macht dann 60 kr. oder 1 fl., zu welchem Resultate auch Herr n*-Correspondent in der Nr. 206 d. Bl. vom 4. September gekommen ist, eine Widerlegung aber bis jetzt noch von keiner Seite erfahren hat, denn man verweise uns ja nicht auf die Rentabilität der Brunnenleitung, denn einmal ist sie noch gar nicht fertig, kann also, so lange sie erst in ihrer Ausführung begriffen ist, noch keine Zinsen tragen, die Million Thaler muß aber auf einmal genommen und schon mindestens vom 1. Januar 1874 an verzinst werden; die volle Rentabilität aber nach ihrer Vollendung ist nicht garantirt, denn nach dieser Richtung hin kann man nur mit hypothetischen Zahlen rechnen; höhere Bürgerschule und Volksschulbau aber können sich ihrer Natur nach nicht rentiren, und wie es mit der Rheinbrücke steht, wurde auch schon in diesen Blättern ausgeführt, also in Summa: „Will die Bürgerschaft in Zukunft 18 Kreuzer plus 42 Kreuzer = 60 Kreuzer oder 1 Gulden Umlage zahlen, nun wohl, dann mag sie für eine ganze Million stimmen, wenn nicht, nicht!!!"

Ob eine solch horrende Umlage, nebenbei bemerkt, geeignet wäre, den Flor unserer Stadt zu erhöhen, wie Viele entweder aus Unwissenheit, oder gegen ihr besseres Wissen austrompeten, kann sich jeder, der auch nur halbwegs über gesunden Menschenverstand verfügt, mit Leichtigkeit an den Fingern abzählen!!!

Was sodann den zweiten Punkt der Ausführungen unseres bereits mehrfach erwähnten Rathsherrn betrifft, daß dem Ausschuß nämlich eine Denkschrift über die Brunnenleitungsfrage eingebändigt werde, so möchten wir uns da denn doch die gewiß nicht unbescheidene Frage erlauben, von wem eigentlich fragliche Denkschrift ausgegeben wird, ob etwa vom Gemeinderath, oder von wem sonst. Soll sie vom Gemeinderathe ausgeben, so müssen wir, selbst wenn sie auf Grund da oder dort eingezogener Erkundigungen verfaßt wäre, auf's allerentschiedenste dagegen protestiren, denn dem Gemeinderath fehlen in dieser Angelegenheit vollständig alle Fachkenntnisse.

Auch das geht nicht an, daß der Gemeinderath auf Grund da oder dort eingezogener Erkundigungen eine Denkschrift aufstelle oder anstellen lasse, denn die Auswahl und Gruppirung des Stoffs wäre hier-jedenfalls eine parteiische und tendenziöse.

Eine solche Denkschrift muß von Sachkundigen verfaßt sein, und zwar nicht etwa von einem einzigen, sondern von einer Enquete, d. h. also von einer Mehrheit von Männern von Ruf und Erfahrung; es wäre jedenfalls unverantwortliche Leichtfertigkeit, in einer solchen Angelegenheit auf die Stimme eines Einzelnen zu hören. Das Publikum kann sich daher auch in so lange nicht beruhigen, als es nicht weiß, welches die Autoritäten sind, die ein solch' großes Werk befürworten. Also eine Mehrheit von berühmten und erfahrenen Sachverständigen muß eine solche Denkschrift abfassen, sonst hat sie nicht den geringsten Werth und es wäre Thorheit, auch nur einen Heller für ein solches Werk zu bewilligen!

Was schließlich die Aeußerung unseres Rathsherrn, der Gemeinderath kümmere sich nicht um „Zeitungsgewäsch", angeht, so möchten wir uns denn doch die (vielleicht etwas unbescheidene) Frage erlauben, wozu denn der Herr Rath dann und wann Artikel schreibe, womit wir jedoch nicht gesagt haben wollen, daß er gerade in den letzten Tagen Artikel geschrieben habe, wie etwa die „eimerweis" Unkenntniß und Unsinn enthaltenden neulichen —e—:Artikel der „Freiburger Zeitung"!

Wenn Gemeinderäthe anfangen, sich in solcher Weise zu gebahren, so dürften die Befürchtungen der „Freiburger Zeitung" vom letzten Frühjahr, daß bei der nun nahe bevorstehenden Gemeinderathswahl nicht nur viele seitherige Räthe keine Neuwahl mehr annehmen, sondern auch noch Andere austreten würden, da ja doch der ganze Lohn für dieses mühevolle Amt nur darin bestehe, daß man die maßlose Kritik gewisser Kreise und Blätter ungestraft binnehmen müsse, nicht mehr viel verfangen! Hoffentlich wird sich das wahlberechtigte Publikum hiedurch nicht irre machen lassen, s. Z. seine Pflicht zu erfüllen, denn wenn jene Herren auch ihre Drohungen ausführen sollten, so dürfte das Gemeindewohl davon den geringsten Schaden haben, da es im Gegentheil nur erwünscht sein kann, wenn das nächste Mal recht viele neue und frische Elemente von Sachkenntniß, Erfahrung und was namentlich die Hauptsache, von Selbstständigkeit und weiterem Gesichtskreis in unsern Stadtrath kommen, es dürfte sich dann wohl bald Vieles zum Bessern wenden!

Indessen hatte sich der Gemeinderath nicht abhalten lassen, die Denkschrift im Laufe des Monates Oktober zu veröffentlichen; sie war, wie dieß ja naturgemäß sein mußte, von ihm selbst abgefaßt und auf die erhobenen technischen Ausführungen Sachverständiger gestützt.

Diese Denkschrift, das Gutachten der Chemiker über das Wasser der neuen Leitung, der von dem Gemeinderath gestellte und begründete Antrag auf Bewilligung der Mittel für den Bau des Wasserwerkes, der Vortrag des Gemeindevorstandes wegen Erhebung der Wasserzinse, sowie die Instruction für Herstellung von Privatwasserleitungen ist im Folgenden (mit Weglassung ganz unwesentlicher Bestandtheile) abgedruckt.

Denkschrift des Gemeinderathes

über die

Wasserversorgung der Stadt Freiburg.

Die Frage, ob eine Aenderung des jetzigen Zustandes der Wasserversorgung Freiburgs nöthig ist, wird wohl von allen Seiten mit ja beantwortet werden; dafür spricht der täglich fühlbarer werdende Mangel an gutem Trinkwasser. Die Gemeindebehörde hat sich daher schon seit Jahren damit beschäftigt, die Quantität des Trinkwassers zu vermehren. Die hier bestehende Wasserleitung aus dem Mösle datirt schon seit Jahrhunderten; wesentliche Verbesserungen an derselben sind Anfangs der vierziger Jahre vorgenommen worden. Im Jahre 1858 wurde beschlossen, zur Vermehrung des Quellwassers im Mösle einen neuen Sammelcanal zu bauen, der auch in dem darauffolgenden Jahre mit einem Kostenaufwand von fl. 6500 durchgeführt worden ist. Im Jahre 1860 sind dann verschiedene Erweiterungen der Röhrenleitung durchgeführt worden; 1861 wurde zur Begutachtung der Wasserverhältnisse um Freiburg Herr Dr. Bruckmann berufen, der auch allerlei Vorschläge für vorzunehmende Verbesserungen ꝛc. machte, von denen jedoch wenige zur Ausführung gelangten. In den darauffolgenden Jahren wurden zumeist Veränderungen an der Röhrenleitung vorgenommen. Im Jahr 1864 ertheilte Herr Oberbaurath Gerwig der Gemeinde ein Gutachten über Verbesserungen an der Mösle-Leitung; seine Vorschläge sind jedoch auch nur theilweise ausgeführt worden. Schon damals wurde darauf aufmerksam gemacht, daß es hauptsächlich dem Mangel an Druckhöhe zuzuschreiben sei, wenn die Brunnen in der Stadt den Ansprüchen der Einwohner nicht genügen. Dieser Mangel an Druckhöhe aber ist bei der an und für sich tiefen Quellenlage im Mösle die Folge eines systemlosen Röhrennetzes bezw. einer Verästelung mit unpassenden Durchmessern und mangelhaften Einrichtungen. Dabei ist jedoch auch constatirt worden, daß die Wassermenge, welche der Sammler im Mösle zu liefern vermag, nach den Messungen des Dr. Bruckmann höchstens ca. 0,7 badische Cubikfuß, d. h. ca. 22 Liter pro Secunde beträgt. Daß auch in den Jahren 1866—1870 verschiedene Veränderungen projektirt und ausgeführt wurden, ist bekannt, ebenso daß trotz all' dieser Arbeiten eine dauernde Verbesserung des Wassers weder hinsichtlich Quantität noch hinsichtlich Qualität erreicht wurde. Im Jahre 1871 wurde auch von ärztlicher Seite auf die ungenügende Menge und schlechte Beschaffenheit des von der Mösle-Leitung gelieferten Wassers hingewiesen und der Gemeinderath ersucht, im Interesse der öffentlichen Gesundheitspflege für Herbeischaffung guten und hinreichenden Quellwassers zu sorgen. Verschiedene Klagen der Einwohnerschaft über Wassermangel, die erfahrungsgemäße Trübung des Mösle-Wassers nach jedem stärkeren Regen ꝛc. ließen nach der Ueberzeugung des Gemeinderaths weitere Untersuchungen wünschenswerth erscheinen.

Es erhielten deßhalb die HH. Dr. Schill und Geometer Muggenfuß von der Gemeindebehörde Auftrag, Nachforschungen nach Quellen in der Umgegend Freiburgs zu halten. Die Ansicht des Gemeinderaths ging dahin, ein zeitgemäßes Unternehmen ins Werk zu setzen und die neuen Quellen in einer Höhe aufzusuchen, von welcher aus das Wasser im Stande ist, sich durch natürlichen Druck in die höchsten Stockwerke der Häuser aufzuarbeiten.

Mit der Mösle=Leitung bezw. den dortigen Quellen kann das Wasser nur auf geringe Höhe steigen; diese Leitung wird also, wenn man wirklich dort noch reichliche weitere Quellen aufzuschließen im Stande wäre, stets nur Brunnen in den unteren Stockwerken der Häuser zu speisen im Stande sein. So wie diese Leitung aber jetzt besteht, ist sie nicht einmal im Stande, diese doch sehr geringen Ansprüche befriedigen zu können.

Dagegen wurde durch die Untersuchungen genannter Herren auf die oberhalb Ebnet in den Domänenwiesen entspringenden Quellen als der Höhenlage nach für eine zeitgemäße Wasserversorgung entsprechend hingewiesen. Versuchsgräben zeigten auch, daß, wie leicht vorauszusehen, in jener Gegend aus dem Diluvium des Thales eine größere Zahl von Quellen gesammelt werden konnten.

Der Gemeinderath beschloß daraufhin, Hrn. Ingenieur Gerstner aus Carlsruhe, welcher als Wasserleitungstechniker sich durch die bewährten Ausführungen am Hofwasserwerke und am städtischen Wasserwerke in Carlsruhe bekannt gemacht hat, zu ersuchen, ein Project für eine in Freiburg neu zu errichtende Wasserleitung aufzustellen. Dieses Project wurde im Laufe des Jahres 1872 an den Gemeinderath abgeliefert und sind inzwischen bis heute die Arbeiten zur Fassung des Wassers oberhalb Ebnet im Sinne dieses Projects durchgeführt worden. Sie haben ergeben, daß die im Project gemachten Voraussetzungen in erfreulicher Weise zutreffen.

Andererseits ist aber auch nicht in Abrede zu stellen, daß die Wassermenge im Mösle durch zweckmäßige Sammlung auf die Höhe gebracht werden kann, wie sie Herr Bruckmann angegeben hat, nämlich auf 22 Liter pro Secunde. Dieß trifft dann bei Annahme einer Bevölkerung von 40,000 Seelen ca. 48 Liter pro Kopf und Tag, also etwa den dritten Theil dessen, was man sonst als übliches Bedürfniß annimmt.

Die Gemeindebehörde glaubt nun nach diesen umfassenden Voruntersuchungen zweifellos über die Möglichkeit einer günstigen Lösung der Wasserleitungs=Angelegenheit sein zu dürfen.

Zunächst aber ist noch für das mit der Sache weniger vertraute Publikum die Frage zu erörtern: „Soll die Mösle=Leitung im Princip beibehalten, d. h. soll dieselbe so erweitert und verbessert werden, daß wenigstens die Zahl der öffentlichen Brunnen vermehrt und deren Erguß vergrößert werden kann, ohne daß man die Privatbrunnenrechte beeinträchtigt, oder will die Gemeinde in Benutzung der oberhalb Ebnet erschlossenen Quellen eine Wasserleitung errichten, die das Wasser in alle Stockwerke der Häuser zu liefern vermag, jede Art des Privatgebrauchs gestattet und dabei den Forderungen der Neuzeit hinsichtlich Feuerlösch=Einrichtungen und Comfort entspricht."

Die den aufgewendeten Kosten entsprechende Leistungsfähigkeit jedes einzelnen dieser Projecte wird die Entscheidung geben und es erübrigt daher nur, festzustellen, wie groß die Kosten sind und was durch Aufwand derselben erzielt wird.

Es müssen also zwei denkbare Bau=Ausführungen besprochen werden:

1. Verbesserung der Mösle=Leitung.
2. Erstellung der Ebneter Wasserleitung nach dem Project des Hrn. Ingenieur Gerstner.

I. Verbesserung der Mösle-Leitung.

Wenn die Mösle=Leitung seither den an sie gestellten Anforderungen nicht entsprochen hat, so lag dies, wie schon gesagt, nicht allein an der Wasserfassung, als besonders an der mangelhaften, jeden Systems entbehrenden Röhrenleitung. Es sind da die Durchmesser der Röhren, wie es scheint, nach Gutdünken ge= griffen worden, ja es sieht fast aus, als ob bei einer Reihenfolge von Brunnenbaumeistern jeder die An= ordnungen des vorhergehenden durch neue hätte in Schatten stellen wollen. Die Folgen eines solch plan= losen Greifens machen sich jetzt dadurch fühlbar, daß man mittels der Rohrleitung, wie sie jetzt besteht, z u Zeiten nicht einmal das in der Mösle=Brunnenstube vorhandene Wasser der Stadt zuführen kann. Gegenwärtig speist diese Leitung 58 öffentliche Brunnen mit 87 Ausgußröhren; ferner liefert sie das Wasser für 92 sog. ganze und 158 halbe Privat=Brunnenrechte. Ein genau vorgenommenes Ausmaß ergibt die Leistung von 15,7 Liter pro Secunde oder 9036 Ohm pro Tag. Dieses Quantum ist auch in der trockensten Jahreszeit (gegen Ende September) stets noch zugeflossen, ohne daß der Wasser= spiegel auf die Höhe des Rohr=Ablaufs gesunken war. Nach den früher erwähnten Messungen des Herrn Dr. Bruckmann, an deren Richtigkeit wir zu zweifeln keinen Grund haben, soll der Sammler in den trockensten Jahreszeiten sogar 22 Liter pro Secunde zu liefern im Stande sein.

Die Wasserfassung an und für sich ist, wie sie jetzt besteht, unzweckmäßig, indem das Tagwasser in die Sammelkanäle tritt und nach jedem stärkeren Regen eine Trübung des Wassers bewirkt, welche im höchsten Grade nachtheilig für die Röhrenleitung ist, da sie die Incrustation der Röhren wesentlich beschleunigt. Auf diese Weise wird das Röhrennetz nach und nach stets unbrauchbarer, die verfügbare Druck= höhe nimmt an allen Orten jedes Jahr mehr ab und wir stehen schon jetzt auf dem Punkte, uns sagen zu müssen, daß sowohl die öffentlichen wie die Privatbrunnen auf ein Minimum des Consums beschränkt sind, es aber noch immer mehr werden müssen, wenn alle vorhandenen Brunnen erhalten werden sollen.

Wir setzen voraus, daß man bei zweckmäßiger Fassung im Mösle das obengenannte Wasserquantum von 22 Liter pro Secunde in der trockenen Jahreszeit gewinnen kann.

Die Sammelkanäle würden dann jedenfalls mehr vom Gebirge weg gegen die Dreisam hinaus geschoben werden müssen, da erfahrungsgemäß vom Gebirge her wenig Wasser zu erwarten ist, worauf hier besonders aufmerksam gemacht wird, weil mehrfach die Meinung besteht, die Quellen im Mösle seien sog. Berg=Quellen.

Bei anhaltend feuchter Witterung ist allerdings mehr Wasser als das genannte Quantum vor= handen, deßwegen sieht man auch häufig, daß das Wasser im Sammler überläuft.

Dieß beweist aber gerade die Unbeständigkeit der Quellen und darf keineswegs einem neuen Projecte ein Wasserquantum zu Grunde gelegt werden, welches nicht jederzeit zu haben ist, insbesondere, da bei großer Trockenheit das Bedürfniß nach frischem Wasser viel stärker ist als gewöhnlich.

Wir müssen deßhalb in Aussicht nehmen, durch Beizug des etwa in der Richtung von Nordost kommenden Grundwassers, bezw. durch Verlängerung der Sammelkanäle gegen die Dreisam hin das be= ständige Wasserquantum zu vermehren und durch Abdeckung der seitherigen Sammelkanäle das Tagwasser abzuhalten.

Die andere Frage ist dann, wie man das so gewonnene Wasser vertheilen soll. Die öffentlichen Brunnen sollten doch wenigstens so viel Wasser liefern, daß ein gewöhnlicher Wasserkübel in 4—5 Minuten gefüllt werden kann, d. h. ca. 50 Ohm pro Tag. Bis jetzt wurden den Privaten 36 Ohm pro Tag ge= liefert, immer noch mehr als die neueren Verträge besagen, aber in Wirklichkeit für jedes größere Haus und insbesondere für Gewerbtreibende sehr wenig. Die Klagen hierüber sind zu bekannt, als daß wir uns des Weiteren darauf einlassen müßten. Die halben Brunnenrechte für die weniger bedürftigen Häuser liefern gegenwärtig 18 Ohm pro Tag.

Bei zunehmender Einwohnerzahl bis zu 40,000 würde sich die Zahl der öffentlichen Brunnen im Verhältniß von 24,000 : 40,000 vermehren, also die Zahl der Ausläufe von 87 : 145. Die letzteren consumiren bei 50 Ohm pro Tag 7250 Ohm und blieben dann noch 5250 Ohm für die Privaten übrig, wenn man die, auch in einem früheren Gutachten des Herrn Oberbaurath Gerwig angenommene Wassermenge von 12,500 Ohm pro Tag, welche die Mösle-Quellen jederzeit zu liefern im Stande sein sollen, zu Grunde legt. Die jetzt bestehenden Brunnenrechte könnten also in späterer Zeit nicht einmal mehr alle beibehalten werden, auch nach vollzogener Verbesserung. Uebrigens steht auch der Gemeinde das Recht zu, den größern Theil derselben zu widerrufen.

Das Röhrennetz müßte größtentheils verändert werden. Nach einem vorgenommenen Nivellement beträgt die Höhendifferenz zwischen dem mittleren Wasserspiegel in der Mösle-Brunnenstube und dem Pflaster am Schwabenthor 11,5 Meter. Am Schwabenthor sollten mindestens noch 3 Meter verfügbare Druckhöhe sein, woraus folgt, daß der Zuleitung ein Durchmesser von 200 mm. gegeben werden muß.

Im Interesse einer reichlichen Druckhöhe am Schwabenthor wäre es jedoch rathsam, die Zuleitung vom Mösle her, welche derzeit schon streckenweise aus einer Leitung von 270 mm. besteht, mit dieser Lichtweite bis zum Haupttheilpunkt am Schwabenthor fortzusetzen; man könnte dann wenigstens zeitweise (wenn der Wasserreichthum im Sammler ein größerer ist als bei anhaltender Trockenheit) für öffentliche Zwecke mehr Wasser verwenden. Auch wäre dadurch, wenn jemals durch weiteres Vorrücken des Sammlers gegen die Dreisam ein größeres Wasserquantum für ständig erzielt werden sollte, für diesen Fall vorgesorgt.

Für die Vertheilung des so der Stadt zugeführten Wassers sind unter Berücksichtigung eines späteren Anschlusses an Herdern und die Wiehre folgende Durchmesser der Haupt-Röhrenstränge erforderlich.

Von der Schwabenthorstraße bis zur Kaiserstraße durch die Dreisamstraße . . . . 150 mm.
Vom Schwabenthor bis zum sog. Fischbrunnen durch die Salzstraße . . . . 150 mm.
Vom Schwabenthor durch die Schloßbergstraße über den Carlsplatz bis zur Kaiserstraße 150 mm.
Vom Fischbrunnen zum Gymnasium (Lyceum) . . . . 120 mm.
Von der Kaiserstraße durch die Friedrichstraße, Bahnhofstraße, Wilhelmstraße, Dreisam-
straße bis zur steinernen Brücke . . . . 120 mm.
Von der freien Straße durch die Werderstraße und den Rotteckplatz bis zur Friedrich-
straße . . . . 120 mm.
Alle übrigen Straßenleitungen . . . . 90 mm.

Unter die letztgenannte Dimension pflegt man in der neueren Zeit bei Rohrleitungen nicht mehr zu geben.

Nach diesen Ergebnissen könnten von der jetzt bestehenden Brunnenleitung beibehalten werden: Die Leitung in der Bertholdstraße vom Fischbrunnen bis zum Gymnasium (Lyceum), die in der Schuster-straße, Eisenbahnstraße, Eisenstraße und Münsterstraße, sowie jene über den Rotteckplatz und die über die Schloßbergstraße nach dem Karlsplatze. Im Uebrigen müßte das Röhrennetz total umgeändert, an den tiefsten Punkten Schlammabläße, an den höchsten Luftventile und zur zweckmäßigen Vertheilung an den Haupttheilpunkten und bei Abzweigungen Schieber und Theilkasten angebracht werden.

Unter diesen Umständen berechnen sich die Kosten für diese Veränderung, auf gleiches Gebiet aus-gedehnt, wie das neue Project für die Ebneter Wasserleitung wie folgt:

A) Güterentschädigung und gemeinsame Kosten . . . . fl. 2000. — fr.
B) Wasserfassung im Mösle . . . . fl. 2000. — fr.
C) Zuleitung zur Stadt . . . . fl. 35,000. — fr.
D) Stadtröhrennetz . . . . fl. 150,000. — fr.
E) Unvorherzusehendes . . . . fl. 19,000. — fr.

zusammen fl. 208000. — fr.

Dafür hätte man eine Leitung, die im Stande wäre, auch für die fernere Zukunft laufende Brunnen in den Parterres der Häuser, zunächst etwa in der vorhandenen Anzahl, später aber nur in befchränkter Zahl zu geftatten und die öffentlichen Brunnen zu fpeifen. Zu Feuerlöfchzwecken würde fie fich, des geringen Druckes wegen, nicht eignen.

Bei 40,000 Einwohner träfen, wie fchon erwähnt, ca. 48 Liter pro Kopf und Tag, d. i. etwa der dritte Theil deffen, was man in neuerer Zeit als normales Bedürfniß feftgeftellt hat. Die Einnahmen aus dem an Private zu verkaufenden Waffer würden fpäter geringer werden, als fie jetzt find, während die Verzinfung des Baukapitals mit ¹₂°₀ Amortifation fl 10,400 erfordert, alfo den Zufchuß bedeutet, den die Stadt für die in Ausficht genommene Verbefferung bis nach erfolgter Tilgung des Aufwandes zu leiften hätte.

II. Die neue Ebneter Wafferleitung.

Die Ebneter Wafferleitung, deren Anlage nach den Anfprüchen der Neuzeit mit Berückfichtigung aller Bedürfniffe für Feuerficherheit und Comfort erfolgen foll, bezieht ihr Waffer von den früher genann= ten Quellen in den nunmehr der Stadt gehörigen ehemaligen Domänenwiefen oberhalb Ebnet. Die Quel= len liegen fo hoch, daß der neuen Leitung an jedem Punkte innerhalb der Stadt noch eine verfügbare Druck= höhe von 30 Meter gegeben werden kann. Sie ift berechnet für eine Einwohnerzahl von 40,000 Seelen und ift das Waffer hiezu reichlich vorhanden, was durch die fchon zwei Jahre dauernden Beobachtungen beftätigt ift. Auch weifen die angefchloffenen Unterfuchungen des Herrn Hofraths Dr. v. Babo nach, daß das vorge= fundene Quellwaffer im Vergleiche zu dem Mösle=Brunnenwaffer und anderen Brunnenwaffern Freiburgs hinfichtlich der Gehalte an organifchen Beimengungen das reinfte ift.

Als Beftandtheile des Gefammtprojectes zur Wafferverforgung der Stadt find zu unterfcheiden die Anlagen für die Gewinnung des Waffers, die Zuleitung zur Stadt und die Vertheilung dafelbft.

Bei Beftimmung der Ausdehnung diefer einzelnen Beftandtheile auf Grund der geftellten Bedin= gungen kommt weiter in Betracht, daß der Wafferverbrauch einer Stadt je nach Jahres= und Tageszeit fehr erheblichen Schwankungen unterworfen ift. Die Leiftungsfähigkeit jeder Waffergewinnungsanlage da= gegen ift begrenzt durch deren Ausdehnung und fchwankt innerhalb der Beftändigkeit der Quellen, welche jedoch im vorliegenden Falle nach den angeftellten Beobachtungen in hohem Grade vorhanden fein wird.

Die Erfahrung lehrt, daß der Maximalverbrauch in der Stunde bis auf das Doppelte des Durch= fchnittsverbrauchs und noch höher fteigt, während der Minimalverbrauch bis auf ein Fünftel des Durch= fchnittverbrauches und noch weiter finkt, fomit der Verbrauch zu verfchiedenen Stunden um das Zehnfache fchwankt.

Die Rückwirkungen folcher bekannter periodifcher und möglicher unvorherzufehender Schwankungen auf eine regelmäßige Waffergewinnung und Zuleitung aufzuheben, find Refervoire dienlich, welche zugleich einen die gewöhnlichen Bedürfniffe überfteigenden Waffervorrath bergen, für Feuerlöfchzwecke, fowie für et= waige Störungen in der Waffergewinnung und Zufuhr und daher bei keiner rationellen Wafferleitungs= Anlage fehlen.

Es genügt dann mit Unterftützung eines folchen Refervoirs die Anlage zur Waffergewinnung auf den Durchfchnittsverbrauch zu bemeffen, der im vorliegenden Falle 70 Liter pro Secunde beträgt.

Die Waffergewinnung gefchieht durch zwei Sammelkanäle von je 90 Meter Länge und in der Sohle ca. 5 Meter unter dem mittleren Quellenftand. Die Quellen find auf diefe Weife in mäßiger Tiefe, in welcher das ganze Jahr hindurch beinahe immer diefelbe Temperatur herrfcht, gefaßt und ift die Richtung der Sammelkanäle durch eingehende Studien fo feftgeftellt worden, daß die vorhandenen Quellen= züge normal gegen diefelbe ausfließen. Von der Richtigkeit diefer Vorausfetzungen, fowie davon, daß die Quellenzüge vom Gebirge her und nicht von der Dreifam kommen, kann man fich an Ort und Stelle überzeugen.

Die Sammelkanäle vereinigen sich in einem Brunnen, der die Stelle eines Sammelbehälters vertritt, auf einen schmiedeisernen Rost versenkt wird und bis über die Bodenoberfläche aus Sandstein-quadern besteht. Dieser Brunnen soll durch einen hölzernen, zugänglichen Aufbau überdeckt werden.

Die Zuleitung zur Stadt, welche in einer Höhe von 321,8 Meter über dem Pflaster am Schwaben-thor abgehend angenommen ist, soll mit Seier und Abflußschieber versehen werden.

Die Sammelkanäle liefern reichlich die vorbin genannte Durchschnitts-Wassermenge von 70 Liter pro Secunde auch in der trockensten Jahreszeit und kann durch weitere Ausdehnung derselben jederzeit noch mehr Wasser gewonnen werden.

Der Tagesbedarf ist im Jahresdurchschnitt zu 150 Liter pro Kopf, also für 40,000 Einwohner zu 6 Millionen Liter angenommen; im hohen Sommer steigt derselbe erfahrungsgemäß bis auf 125 % des Jahresdurchschnitts, also auf 7½ Millionen Liter und ist dann der Tagesdurchschnitt auf die Secunde (ohne Berücksichtigung der täglichen Schwankungen) 86,8 Liter, welche Wassermenge der Berechnung des Zuleitungsröhres zu Grunde gelegt ist.

Bei dem tiefften Stand des Wassers im Sammelbrunnen von 321,180 Meter über dem Meeres-spiegel, der Höhenlage des Pflasters vor dem Schwabenthor mit 284,100 Meter über dem Meeresspiegel und der Bedingung, daß dort noch eine verfügbare Druckhöhe von 30 Meter vorhanden sein soll, dürfen die Druckverluste im Zuleitungsrohr nicht mehr als 7,080 Meter betragen, woraus sich deffen Lichtweite zu 450 mm. berechnet.

Die Leitung selbst würde unter der Straße bis zum Schwabenthor geführt und von dort zu dem Reservoir gerichtet werden. Die Röhren sollen überall 1,8 Meter unter die Bodenfläche zu liegen kommen, damit sie den Einwirkungen der Temperatur-Veränderungen entzogen sind.

Das Reservoir soll an der Halde des Schloßbergs in der Nähe des sog. Schaich'schen Schlößchens erbaut werden. Zweck desselben ist, wie vorhin dargethan, ein doppelter, zunächst die Ausgleichung der Tagesschwankungen, sodann aber die Aufnahme eines großen Wasservorraths für Feuerlöschzwecke und für den Fall etwaiger Unterbrechungen der Zuleitung. Eine solche Unterbrechung würde jedoch, mag sie nun aus irgend welchem Grunde eintreten, bei den vorhandenen Mitteln zur Abhülfe, niemals länger als 24 Stunden dauern. Um also solchen Störungen, welche durch vorzunehmende Reinigungen der Rohrleitung oder Wasserfassung bedingt sein können, vorzuhalten, müßte das Reservoir im Stande sein, während 24 Stunden den Verbrauch in der Stadt ohne Zufluß von Ebnet zu decken. In solchen Fällen darf eine Einstellung des Verbrauchs für öffentliche und Luxuszwecke vorausgesetzt werden und dann reicht ein In-halt von 4000 mcub. hin, um noch 4 Millionen Liter Wasser, d. h. 100 Liter pro Kopf bieten zu können. Die Zweckdienlichkeit des Reservoirs kann als erwiesen betrachtet werden, sobald nachgewiesen ist, daß den periodischen Schwankungen im Verbrauch, den etwa vorkommenden Störungen im Dienst der Wasserge-winnungsanlage und einem außergewöhnlichen Bedarf für Brandfälle nicht auf andere vortheilhaftere Weise Rechnung getragen werden kann. Um der ersten Bedingung ohne Reservoir zu entsprechen, müßte nach früherem die Wassergewinnungs-Anlage mindestens die doppelte Menge des Durchschnittsverbrauchs zu liefern im Stande sein; um der zweiten Bedingung zu genügen, müßte außerdem die so berechnete Anlage mindestens doppelt vorhanden sein, damit die eine behufs Reinigung und Reparatur außer Dienst gesetzt werden kann, während die andere die Stadt versorgt.

Die Kosten, welche hieraus entstehen, durch Erweiterung der Wasserfassung und des Zuleitungs-rohres, durch Anbringung von Vorrichtungen zur Aufnahme der Stöße in der Zuleitung, veranlaßt durch die Schwankungen im Verbrauch, durch Herstellung eines Sandfanges x. würden größer sein, als der Auf-wand für das Reservoir, wie dieß durch detaillirte Berechnung in der Denkschrift des Ingenieur Gerstner nachgewiesen ist.

Trotzdem wäre bei Unterbrechungen an der Zuleitung (etwa bei Vornahme von Abzweigungen x.) die Stadt jedesmal auf die Dauer dieser Unterbrechung ohne Wasser und könnte dem ausnahmsweise großen Verbrauch in Brandfällen kaum Rechnung getragen werden.

Hiemit dürfte zur Genüge dargethan sein, daß allen diesen Vorkommnissen nur durch ein Reservoir in genügender Weise Rechnung getragen werden kann, letzteres somit ein unentbehrlicher Bestandtheil für die neue Wasserleitung ist, wie auch anderwärts nirgends bezweifelt wird. Zur Erhaltung der natürlichen Frische des Wassers ist das Reservoir überall mit mindestens 2 Meter Erde überdeckt und bietet die ständige Bewegung in demselben, veranlaßt durch die Ungleichheiten im Zulauf und Ablauf, sowie durch die Temperaturdifferenz des eintretenden und vorräthigen Wassers, das beste Mittel zur Verhinderung von organischen Gebilden. Die Einwürfe, welche also von dieser Seite gegen Errichtung eines Reservoirs gemacht werden, sind unseres Erachtens grundlos.

Zur Vertheilung des Wassers ist ein in sich zurückkehrendes Röhrennetz vorgeschlagen, weil bei diesem eine gleichzeitige größere Wasserentnahme aus einem Röhrenstrange weniger Druckverluste verursacht, als bei dem sog. Veräftelungssystem. Das Röhrennetz ist ebensowohl mit der Hauptleitung als auch mit dem Reservoir verbunden, so daß durch entsprechende Stellung der Wechsel direct vom Sammelbrunnen in Ebnet gespeist werden kann, wenn das Reservoir gereinigt wird und umgekehrt. Die Höhenlage des normalen Wasserstandes im Reservoir, der verlangten Druckhöhe von 314,110 Meter über dem Meeresspiegel, also 30 Meter über dem Pflaster am Schwabenthor entsprechend, ist das Maß für den Druck, unter dem das Röhrennetz steht. Das Röhrennetz ist gebildet aus 3 Haupt-Röhrensträngen vom höchsten Punkt der Stadt, dem Schwabenthor ausgehend, durch die Mitte der Stadt, der Salzstraße und Bertholdstraße entlang, einerseits über die Dreisamstraße und Wilhelmstraße, anderseits durch die Schloßberg- und Friedrichstraße nach dem Bahnhofe, dem tiefsten Punkte der Stadt, als Vereinigungspunkt ziehend. Diese sind gekreuzt durch einen secundären Zug der Kaiserstraße entlang. In den übrigen Straßen wird das Röhrennetz durch Röhrenstränge dritter Ordnung nach Bedürfniß vervollständigt.

Der Berechnung ist zu Grunde gelegt, daß überall 30 Meter verfügbare Druckhöhe sein soll, auch bei dem Maximal-Stundenverbrauch von 146 Liter pro Secunde.

Die hiernach bestimmten Röhrencaliber sind auf dem bei unserem Wasser- und Straßenbauamte aufliegenden Plane zu ersehen.

Zum Gebrauch in Brandfällen und zum Begießen der Straßen sind allerwärts in geringen Entfernungen von einander Schlauchhahnen angebracht, die leicht von der Straße zugänglich sind.

Ebenso sind Vorkehrungen für möglichst leichte Abzweigungen von Privatzuführungen getroffen, die in unbeschränktem Maße, für jede Art des Verbrauchs, bei dem hohen Drucke sogar zum Betriebe von Bewegungsmechanismen nach Wunsch verliehen werden können.

Die in dem angeschlossenen Voranschlage berechneten Baukosten betragen:

A. Güterentschädigung	. . . .	fl. 26,400.
B. Gemeinsame Kosten	. . . .	fl. 10,500.
C. Wassergewinnung	. . . .	fl. 21,000.
D. Zuleitung zur Stadt	. . . .	fl. 158,400.
E. Reservoir	. . . .	fl. 88,000.
F. Stadtröhrennetz	. . . .	fl. 213,300.
G. Verschiedenes	. . . .	fl. 32,400.

Zusammen fl. 550,000.

Die ganze Arbeit kann in zwei Jahren von dem Datum des Beschlusses an ausgeführt werden. Der Betrieb dieser Wasserleitung erfordert kein weiteres Personal, als wir es bereits besitzen, indem die Leitung des Betriebs von unserem Wasser- und Straßenbauamte geschieht, während der Brunnenmeister in seitheriger Weise functioniren und das Rentamt die Verrechnung führen wird.

Für Erweiterung der Röhrenleitung nach Herdern und Wiehre, für Hauseinführungen im ersten Betriebsjahr auf Kosten der Stadt, für Bauzinsen und Unkosten, die durch Beschaffung des Baukapitals entstehen, sowie für Errichtungen einiger bescheidener Springbrunnen ist zu den vorhin berechneten fl. 550,000 ein Zuschlag von fl. 150,000 zu nehmen, so daß der Rentabilitätsberechnung ein Aufwand von rund fl. 700,000 zu Grunde zu legen ist. Nehmen wir hiefür 4½% Verzinsung und 1% Amortisation, so wäre der jährlich aufzubringende Betrag fl. 35,000.

In Carlsruhe, wo die Wasserleitung seit vorigem Jahre im Betriebe steht, war ein Gesammt=
aufwand von fl. 700,000 für die Herstellung derselben erforderlich, einschließlich aller Nebenkosten. Carls=
ruhe hat etwas über 1900 Häuser. Vom 1. März 1872 bis 31. Dezbr. 1872 (im ersten Betriebsjahr) be=
trugen die Einnahmen 20,286 fl. 10 kr. bei etwas über 600 eingeschätzten Abonnenten. Durchschnittlich
wurde dort für ein Privathaus fl. 38 bezahlt; ein Gewerbtreibender zahlte fl. 52, ein Abonnent mit Wasser=
messer fl. 50. Das Verhältniß zwischen den Einnahmen von Privathaushaltungen und Gewerbtreibenden
war Ende 1872 wie 4 : 1, dürfte sich aber später etwa wie 9 : 1 gestalten. Die Zahl der Abonnen=
ten nimmt in Carlsruhe ständig zu und sind bis heute über 800 vorhanden, so daß, wie man uns bestimmt
versichert hat, bis Ende des Jahres 1873 die Einnahmen mehr als fl. 30,000 betragen werden. Dann
sind noch nicht die Hälfte der Hausbesitzer abonnirt, die Wasserzinse aber auf ein sehr bescheidenes Maß
beschränkt.

Sollten sich also auch nur die Hälfte der hiesigen Häuser, deren Zahl sich auf über 1800 beläuft,
an dem neuen Unternehmen betheiligen, so entspricht dieß unter Zugrundelegung einer ähnlichen Berech=
nung wie in Carlsruhe einem Wasserzinse von:

$$\frac{900 \times 9 \times 38}{10} + \frac{900 \times 52}{10} = \text{fl. } 35,460.$$

Angesichts dieser Zahlen haben wir nur noch beizufügen, daß für uns kein Grund vorliegt, klei=
nere Verhältnisse wie in Carlsruhe anzunehmen, daß im Durchschnitt die Brunnen für die Privathäuser,
in allen Stockwerken ermöglicht, noch nicht so viel kosten, als ein seitheriges ganzes Brunnenrecht, und daß
wir mit Sicherheit nach einigen Betriebsjahren die Rentabilität des vorgeschlagenen Unternehmens erwar=
ten dürfen.

Nach genauer Erwägung aller dieser Verhältnisse glauben wir das neue Project der Ebneter
Wasserleitung empfehlen zu sollen. Denn wenn wir auch wirklich die besprochene Erweiterung der Mösle=
leitung vollziehen wollten, so würde nach wenigen Jahren die kleine Quantität Wasser (48 Liter pro Kopf)
den Verhältnissen nicht mehr entsprechen, abgesehen davon, daß auch bei bestmöglichster Umgestaltung der
Wasserlieferung bei Feuersgefahr in größeren Quantitäten unmöglich wäre und wegen der geringen Druck=
höhe die meisten Gewerbtreibenden keinen umfassenden Gebrauch davon machen könnten. Es wäre ferner
unmöglich, den sich hier ansiedelnden Fremden den Comfort im Wasserbezuge zu bieten, den sie anderwärts
in den meisten größeren Städten finden, abgesehen davon, daß die Stadt für Zierbrunnen auf Anlagen
und öffentlichen Plätzen Nichts thun könnte. Trotz dem bedeutenden Kostenaufwande wäre eine Wiederkehr
der heutigen Zustände nicht zu verhindern und wir könnten es nicht verantworten, einer Anlage das Wort
geredet zu haben, welche man nach wenigen Jahren unter anderen Verhältnissen wieder verändern müßte,
wodurch, ohne Rücksicht darauf, daß die verwendeten Mittel nutzlos vergeudet wären, gleichzeitig noch alle
jene Unannehmlichkeiten, die durch Aufreißen von Pflaster und Fahrstraßen bei Einrichtung einer Wasser=
leitung entstehen, wiederkehren würden.

Es steht unseres Dafürhaltens außer Zweifel, daß sich die Anlage nach dem Ebneter Projecte
mit der Zeit durch die Einnahmen für Benützung derselben bezahlen wird, wie wir dieß an der Hand
eines Beispiels darzuthun gesucht haben.

Durch Kundgebung dieser unserer Ansicht glaubten wir im Interesse der Gemeinde zu handeln.
Für diejenigen, welche eine nähere Beschreibung des neuen Projectes wünschen, liegt eine detaillirte Denk=
schrift mit zugehörigen Plänen auf dem Büreau unseres Wasser= und Straßenbauamtes zur Einsicht offen.

Die für die Prüfung der Wasserleitungs=Frage besonders aufgestellte Commission ist mit der vor=
liegenden Darstellung und Anschauung einstimmig einverstanden.

Freiburg, 23. October 1873.

Der Gemeinderath.

Position.	Koften-Voranſchlag. Verbeſſerung der Möſle-Leitung.	Betrag	
		einzeln.	im Ganzen.
		ℳ 𝔷.	ℳ 𝔷.

Die Möſle-Brunnenleitung liefert gegenwärtig das Waſſer für 58 öffentliche Brunnen, 92 ganze Privat-Brunnenrechte und 158 halbe Privat-Brunnenrechte. Außerdem geht in der beſſeren Jahreszeit ein kleiner Springbrunnen auf dem Karlsplatze und etwas weniges Waſſer zu dem Baſſin der Bahnhofſtraße. Die öffentlichen Brunnen conſumiren nach der vorgenommenen Meſſung, einſchließlich des genannten Springbrunnens ꝛc. pro Tag 2880 Ohm Waſſer. Ein ganzes Privat-Brunnenrecht erhält gegenwärtig 36 Ohm, ein halbes 18 Ohm pro Tag. Im Ganzen werden alſo gegenwärtig 9036 Ohm pro Tag b. b.

15,7 Liter pro Secunde

conſumirt.

Nach den Meſſungen des Herrn Dr. Bruckmann und dem Gutachten des Herrn Oberbaurath Gerwig ſollen im Möſle auch in der trockenſten Jahreszeit noch 22 Liter Waſſer pro Secunde zu haben ſein.

Um dieſes Quantum zu gewinnen, beizuführen und in zweckentſprechender Weiſe zu vertheilen entſteht folgender Aufwand:

A. Güterentſchädigung und gemeinſame Koſten.

1	Vorunterſuchungen, Anlage von Probegruben, Beobachtung derſelben ꝛc.	500	—
2	Entſchädigungen an Private für Ableitung des Waſſers aus den Baugruben ꝛc.	500	—
3	Materialverwaltung während des Baues, Waſſerſchöpfen, Bauführung u. ſ. w.	1000	—
	Summa A. Güterentſchädigung und gemeinſame Koſten.		2000 —

B. Waſſerfaſſung.

Es ſollen gegen die Dreiſam hin die Sammelkanäle erweitert und im Allgemeinen das Tagwaſſer abgeſchloſſen werden. Hiefür iſt erforderlich:

4	Ausheben der Baugrube für die neuen Canäle, Abdecken der vorhandenen Canäle einſchließlich Abholzen, Stockroden, Wiedereinfüllen ꝛc. 1000 mcub. à fl. —. 42 fr.	700	-
5	30 Meter Sammelcanäle ſammt Einlagen à fl. 30	900	—
6	Vermauern der alten Stollen Reinigung ꝛc.	200	—
7	Verſchiedenes, Aufſicht, Geräthſchaften	200	—
	Summa B. Waſſerfaſſung.		2000 —
	zu übertragen		4000 —

Position.	Kosten-Voranschlag. Verbesserung der Mösle-Leitung.	Betrag einzeln.		Betrag im Ganzen.	
		ℳ	₰	ℳ	₰
	Uebertrag			4000	—

C. Zuleitung zur Stadt.

Das Zuleitungsrohr wird in der Lichtweite von 270 Mm. fortgesetzt. An dem tiefsten Punkte (der Schwabenthorbrücke) wird ein Ablaßventil, an dem höchsten beim Schwabenthor ein Luftventil, auf der ganzen Erstreckung 13 Spuntkasten mit Luftschrauben angebracht. Hierfür ist erforderlich:

Position.	Kosten-Voranschlag. Verbesserung der Mösle-Leitung.	ℳ	₰	ℳ	₰
8	Ausheben des Rohrleitungsgrabens, im Mittel 2 Meter tief, oben 1,2 unten 0,8 Meter breit, 3200 mcub. à 15 fr.	800	—		
9	Durchbrechen von Mauern und Gewölben an den Fluß-Uebergängen, Einschalungen rc.	350	—		
10	1600 Meter gußeiserne Röhren von 270 Mm. Lichtweite einschließlich der vorkommenden Façon-Stücke rc. 1600 Meter à 180 Pfd. 2880 Cntr. à fl. 7. — fr.	20160	—		
11	Verlegen dieser Röhren einschließlich Material zum Dichten derselben 1600 Meter à fl. 3. — fr.	4800	—		
12	Wiedereinbecken des Rohrleitungsgrabens, Wegfuhr des übrig bleibenden Materials, Feststampfen rc. 1600 Meter à fl. —. 24 fr.	640	—		
13	Wiederherstellen des Pflasters und der Fahrbahn	300	—		
14	13 Spuntkasten mit Luftschrauben à fl. 50. — fr.	650	—		
15	2 Theilkasten mit Ablaßventil à fl. 150. — fr.	300	—		
16	3 Schieber zu den Theilkasten à fl. 230. — fr.	690	—		
17	15 Einsteigschachte sammt gußeisernem Deckel und Rahmen 15 Stück à fl. 250 — fr.	3750	—		
18	Für verschiedene Geräthschaften, Aufsicht, Wasserschöpfen, Probiren der Röhren rc.	2560	—		
	Summa C. Zuleitung zur Stadt.			35000	—

D. Stadtröhrennetz.

Da diese Anlage nur zur Speisung von ständig laufenden Brunnen dient, und wegen der geringen Druckhöhe keine besondere Einrichtungen für Feuerlöschzwecke erhält, fällt die Herstellung eines Reservoirs weg. Wie in der Denkschrift bemerkt, kann auch noch ein Theil der jetzt bestehenden Leitungen benützt werden. Die Kosten für Herstellung des Röhrennetzes betragen:

Position.		ℳ	₰	ℳ	₰
	zu übertragen			39000	—

Position.	Koften-Voranschlag. Verbefferung der Mösle-Leitung.	einzeln. ℒ	einzeln. x.	im Ganzen. ℒ	im Ganzen. x.
	Uebertrag			39000	—
19	Herstellung der Rohrleitungsgräben, oben 1,2 unten 0,8 Meter breit, im Mittel 2 Meter tief (1450 + 3480 + 11200) × 2 = 322060 mcub à 18 fr.	9678	—		
20	Gußeiserne Rohrleitung zwischen 100 und 200 Mm. Lichtweite: 1450 Meter Röhren von 150 Mm. Lichtweite à 80 Pfd. 3480 „ „ „ 120 „ „ à 60 „ Zusammen 324,800 „ 5% Zuschlag für erlaubtes Mehrgewicht 16,240 „ Im Ganzen 341,040 „ 3410,4 Cntr. à fl. 6. 45 fr.	23020	12		
21	Gußeiserne Rohrleitung von 90 Mm. Lichtweite: 11200 Meter à 44 Pfd. 492,800 Pfd. 5% Zuschlag für erlaubtes Mehrgewicht 24,640 „ Im Ganzen 517,440 „ 5174,4 Cntr. à fl. 7. 18 fr.	37773	7		
22	Zuschlag für Anfaßröhren und Façon-Stücke	5000	—		
23	Verlegen dieser Röhren einschließlich Material zum Dichten: 1450 Meter von 150 Mm. Lichtweite à fl. 1. 30 fr. fl. 2175 — fr. 384 „ „ 120 „ „ à fl. 1. 12 fr. fl. 4176 — fr. 11200 „ „ 90 „ „ à fl. — 54 fr. fl. 10080 — fr. Im Ganzen fl. 16431 — fr.	16431	—		
24	Wiedereinfüllen der Rohrleitungsgräben, Wegführen des übrig bleibenden Materials, Feststampfen &c. 16130 Meter à 24 fr.	6452	—		
25	Wiederherstellen von 16130 × 1,2 = 19356 mquabr. Fahrbahn und Pflaster, im Mittel zu 15 fr. pro mquabr. 19356 mquabr. à 15 fr.	4839	—		
26	12 Theilkasten à fl. 60 — fr.	780	—		
27	11 Schieber von 150 Mm. Lichtweite à fl. 105. — fr. 1155. — fr. 25 „ „ 120 „ à fl. 75. — fr. 1875. — fr. 114 „ „ 90 „ à fl. 60. — fr. 6840. — fr. Im Ganzen 9870. — fr.	9870	—		
28	Einsetzen dieser 150 Schieber à fl. 2. — fr.	300	—		
29	5 Ablaßvorrichtungen am Theilkasten à fl. 50. — fr. 250. — fr. 40 „ an Zweigröhren à fl. 100. — fr. 4000. — fr. Im Ganzen 4250. — fr	4250	—		
30	175 Luftspunden mit Stanbrohr à fl. 50.	8750	—		
	zu übertragen	127143	19	39000	—

Position.	Kosten-Voranschlag. Verbefferung der Mösle-Leitung.	Betrag			
		einzeln.		im Ganzen.	
		ℳ	₰	ℳ	₰
	Uebertrag	127143	19	39000	—
31	13 Einfteigfchachte zu den Theilkaften fammt gußeifernem Deckel und Rahmen à fl. 250 — fr.	3250	—		
32	Für Abzugsbohlen aus 45 Ablaffen à fl. 40. — fr.	1800	—		
33	Für Anfchaffung einer Probirvorrichtung zum Preffen der Röhren fammt hydraulifcher Preffe, Manometer und Wafferkaften, für Probiren der Röhren, Schieber und Façon-Stücke, für hiezu nöthige Gerätbfchaften, für befondere Arbeiten an Pflafter und Fahrbahn, Abfprießen der Gräben bei Rutfchungen, proviforifche Weg-Uebergänge während des Baues, Durchbrechen von Mauern und Dohlen, Wafferfchöpfen und verfchiebene Ausgaben	17806	41		
	Summa D. Stadtröhrennetz.			150000	—
	E. Unvorherzufehendes.				
34	Für unvorherzufehende, aus Zufälligkeiten erwachfende Ausgaben pp. 10°⁄₀ der feitherigen Summe mit	19000	—		
	Summa E. Unvorherzufehendes.			19000	—
	Summa Summarum.			208000	—

Freiburg, den 1. October 1873.

Lueger.

Position.	Koſten-Voranſchlag. Herſtellung einer Waſſerleitung der Stadt Freiburg.	Betrag			
		einzeln.		im Ganzen.	
		ℳ	₰	ℳ	₰

Für die Stadt Freiburg ſoll eine neue Waſſerleitung angelegt werden durch Zuführung von Quellen in Ebnet. Die Waſſerfaſſung geſchieht mittelſt zweier, in einen Brunnen zuſammenlaufender Sammelcanäle, von dieſem Brunnen aus wird das Waſſer in einer gußeiſernen Röhrenleitung zu dem Reſervoir beim Schwabenthor geführt und gelangt vermittels dieſes Reſervoirs im Stadtröhrennetze zur Vertheilung.
Die Geſammtkoſten betragen:

A. Güterentſchädigung.

Position.	Koſten-Voranſchlag.	einzeln ℳ	einzeln ₰	im Ganzen ℳ	im Ganzen ₰
1	Ankauf von 9 Morgen Domainenwieſen à 1600 fl.	14400	—		
2	Ankauf von 1 Morgen Reben auf dem Schloßberg unter Zugrundelegung eines Einheitspreiſes von 14 kr. pro Quadratfuß	10000	—		
3	Entſchädigung an die Gemeinde Ebnet wegen Durchführung der Leitung durch den Heuabfuhrweg, Entſchädigung an Privaten wegen vorübergehender Aufgrabung in der Gemarkung Ebnet u. ſ. w. .	2000	—		
	Summa A. Güterentſchädigung.			26400	—

B. Gemeinſame Koſten.

4	Vorunterſuchung	2500	—		
5	Specialbauführung, Buchführung, Material=Verwaltung, Bau=Bureau ꝛc.	8000	—		
	Summa B. Gemeinſame Koſten.			10500	—

C. Waſſerfaſſung.

Die Waſſerfaſſung geſchieht mittels zweier Sammelcanäle aus Cement= röhren, mit durchbrechenem Boden und Seitenöffnungen. Dieſe Canäle münden in einem Sammelbrunnen von 4,5 Meter Lichtweite aus, welch' letzterem das Ablaufrohr zur Stadt abgeht. Der Brunnen hat einen ſchmiedeeiſernen Roſt, die Canäle ſind einzeln verſchließbar, ebenſo das Ablaufrohr.
Hierzu iſt erforderlich:

6	Ausheben der Gräben für die Cement=Röhren. 180 Meter lang, 2592 mcub. à 2 kr.	907	12		
7	180 Meter Cementröhren à fl. 35. — kr. liefern ſammt Vorſetzen .	6300	—		
8	Herſtellen der Baugrube für den Brunnen und Ausgraben bezw. Aus= baggern desſelben.				
	25,505 × 8,7 = 221,89 mcub.				
	221,89 mcub. à fl. 4. — kr.	887	34		
	zu übertragen	8094	46	36900	—

Position.	Koften-Voranschlag. Herstellung einer Wasserleitung der Stadt Freiburg.	Betrag			
		einzeln.		im Ganzen.	
		ℓ	r.	ℓ	r.
	Uebertrag	8094	46	36900	—
9	Herstellung des Abzugsgrabens in die Dreisam, inclusive der etwa nötbigen Hebervorrichtung zur Wasserbewältigung während des Verlegens der Cementröhren und der gußeifernen Zuleitungsröhren . . .	1500	—		
10	Quadermauerwerk von der Rostoberfläche bis auf die Terrainhöhe 8 (3,14 × 2,85² — 3,14 × 2,25²) = 76,872 mcub. 76,872 mcub. à fl. 65. — fr.	4996	—		
11	Versetzen dieser Quader 76,872 mcub. à fl. 10. — fr	768	43		
12	Einlassen des Cementrobres und der Schieberführung in den Brunnen, Eingießen des Ablaufrohres. Ausfugen der obersten Schichte mit Cementmörtel u. s. w.	200	—		
13	Ein Brunnenrobr von Schmiedeisen 116 Ctr. à fl. 20. — fr.	2320	—		
14	2 Schieber mit Führung von Gußeisen zum Abschluß der Sammelcanäle im ungefähren Gewicht von 22 Centner Maschinenguß sammt Arbeit à fl. 25. — fr.	550	—		
15	Stangen, Handrädchen, Supports, Doppel I Schienen zum Abdecken des Brunnens ꝛc.	500	—		
16	1 Schieber zum Ablaufrobr	300	—		
17	1 Seiber im Brunnen vor dem Einlauf in die Robrleitung . . .	50	—		
18	Ein hölzerner Aufbau auf den Brunnen	800	—		
19	Für verschiedene Ausgaben, Geräthschaften, unteres Aufsichtspersonal ꝛc. Wasserschöpfen	919	50		
	Summa C. Wassergewinnung.			21000	—

D. Zuleitung zur Stadt.

20	Die Robrleitungsgräben werden im Mittel 2 Meter tief, oben 1,2, unten 0,75 Meter breit, bei einer Gesammtlänge von 5140 Meter. 10023 mcub. à 15 fr.	2505	45		
21	Wiedereinbecken dieser Gräben, Wegführen des übrig gebliebenen Materials, Feststampfen, Abspriegen, Beleuchtung 5140 Meter à 24 fr.	2056	—		
22	Wiederherstellen von Pflaster und Fahrstraßen 4000 mtr. Quadr. à 15 fr.	1000	—		
23	27 Einsteigschächte einschließlich der vorkommenden Grabarbeit, Maurer- und Steinbauer-Arbeit ꝛc. 27 Stück à fl. 150. — fr.	4050	—		
	zu übertragen	9611	45	57900	—

Position.	Koften-Voranschlag. Herstellung einer Wasserleitung der Stadt Freiburg.	Betrag	
		einzeln.	im Ganzen.
		ℳ ₰	ℳ ₰
	Uebertrag	9611	45	57900	—
24	Für das Durchbrechen von Mauern ꝛc., für das Durchführen der Rohrleitung unter dem Ebneter Gewerbscanal, unter der Eschbach bei der Ebneter Brücke, unter dem Gewerbscanal zur Papiermühle von Dötsch, unter dem Canal des Freiherrn v. Türckheim, durch den Tunnel bei der Karthäuser Brücke und unter der Brücke bei der Adolf Mez'schen Fabrik, und der Brücke beim Schwabenthor	3000	—	
25	5140 Meter Röhren von 450 mm. Lichtweite und 4 Meter Baulänge inclusive der vorkommenden Façon Stücke, der Flantschröhren ꝛc. 5140 × 3,4 + 4° ₀ Zuschlag 18175 Centner à 6 fl. 6 kr.	110867	30	
26	Blei zum Ausgießen der Muffen, Bleiringe für die Dichtung der Flantschen, nebst 10° ₀ Zuschlag für vorkommende Doppelmuffen bei kürzeren Rohrstücken 360 Centner à fl. 12. — kr.	4320	—	
27	Theerstricke pro Meter ca. 0,5 Pfd. 5140 × 0,5 = 25,7 Centner à fl. 15. — kr. . . .	385	30	
28	Kosten für das Verlegen dieser Röhren, Arbeitslohn und Geräthschaften inbegriffen 5140 Meter à fl. 3. 36 kr.	18504	—	
29	Bearbeiten von 280 Flantschen an der obern Strecke à fl. 2. — kr. .	560	—	
30	Schrauben hiezu 420 Pfd. à 18 kr.	126	—	
31	2 Ablaßventile und 1 Luftventil 3 Theilkasten à fl. 150. — kr.	450	—	
32	24 Spuntkasten à fl. 50. — kr.	1200	—	
33	4 Schieber zu den Ablaßventilen à fl. 300. — kr.	1200	—	
34	Einlaß-Vorrichtungen am Reservoir nebst 6 Schiebern und sonstiger Garnitur	3000	—	
35	Für Anschaffung einer Probirvorrichtung für verschiedene Geräthschaften in das Material-Depot, für unteres Aufsichtspersonal, Wasserschöpfen ꝛc.	5175	15	
	Summa D. Zuleitung zur Stadt.		158400	—

E. Reservoir.

Das Reservoir soll in die Nähe der ersten Terrasse, an den Weg vom Schwabenthor auf den Schloßberg, gestellt werden. Es enthält 2 von einander getrennte Kammern je 22 auf 27 Meter im Lichten mit 4,2 Meter Wassertiefe und einen Vorbau zur Aufnahme des Mechanismus für die Handhabung des Betriebs. Aus beiden Kammern kann gemeinschaftlich, aber auch aus jeder getrennt gespeist werden. Hierzu ist erforderlich:

zu übertragen. | 216300 | —

Poſition.	Koſten-Voranſchlag. Herſtellung einer Waſſerleitung der Stadt Freiburg.	Betrag	
		einzeln.	im Ganzen.
		ℳ 𝔵	ℳ 𝔵
	Uebertrag		216300 —
36	Ausheben der Baugrube, Beiſeiteſetzen des Materials, Felſenſprengen, Wiederanſchütten der Böſchung in der Unterſtellung, daß die Koſten der Schuttabfuhr durch die Art der Verwendung gedeckt werden 20,800 mcub. à 30 kr.	10400 —	
37	Bruchſteinmauerwerk in hydrauliſchem Mörtel verſetzt, nach Loth und Flucht zweihäuptig (ſoweit es nicht an den Felſen angelegt werden kann) Reſervoir-Sohle 930 mcub.		
	Umfaſſungswände und Trennungsmauern bis zur Kämpferhöhe: = 1206 mcub.		
	Innere Quermauern: = 480,774 mcub.		
	Vordere und hintere Stirnabſchlüſſe über den Gewölben: = 346,813 mcub.		
	Sohle des Vorbaues: = 639 mcub.		
	Umfaſſungsmauer derſelben: = 235,80 mcub.		
	Geſims u. ſ. w. = 104,80 mcub.		
	Stützmauer am Fuße der Böſchung: = 315 mcub.		
	zuſammen 4265 mcub. à fl. 8 — kr.	34120 —	
38	Gewölbmauerwerk aus Bruchſteinen Deckengewölbe des Reſervoirs: = 47,216 mcub.		
	Kleine Bogen in den Querwänden: = 45,216 mcub.		
	Deckengewölbe am Vorbau: = 57,073 mcub.		
	zuſammen 1672 + 45 + 57 = 1774 mcub. zſ. 1774 mcub. à fl. 11. — kr.	19514 —	
39	Betonage der Sohle 322,8 mcub. à fl. 15. — kr.	4842 —	
40	Podeſtplatten, Treppen, Deckel u. ſ. w.	700 —	
41	Verſetzen dieſer Quader und Platten	200 —	
42	Cementüberzug: an der Sohle = 1076 mq.		
	zu übertragen	69776 —	216300 —

Position.	Koſten-Voranſchlag. Herſtellung einer Waſſerleitung der Stadt Freiburg.	Betrag einzeln.		im Ganzen.	
		ℳ	₰	ℳ	₰
	Uebertrag	69776	—	216300	—
	an den Seitenwänden:				
	= 1159,2 mq.				
	über die Deckengewölbe:				
	= 1673,6 mq.				
	zuſammen 3909 mq. à fl. 2, 30 kr.	9772	30		
43	Für Herſtellung einer architektoniſchen Façade, für Treppenaufgang und Straßencorrection wird ein Zuſchlag erforderlich von . . .	3000	—		
44	Für Herſtellung einer Förderbahn zum Aufziehen der Materialien, für verſchiedene Gerätſchaften, unteres Aufſichtsperſonal ꝛc. . . .	5451	30		
	Summa E. Reſervoir			88000	—

F. Stadtröhrennetz.

Das Röhrennetz ſoll nach den, im Caliberplane und Straßenverzeich-
niß angegebenen Dimenſionen hergeſtellt werden. Die Hauptſtränge haben
an allen Kreuzungen unter ſich Theilkaſten, die Seitenabzweigungen ſind
an die Hauptſtränge angeſchloſſen und gegen dieſelben mit Abſchlußſchiebern
verſehen, deren Spindel durch gußeiſerne Standröhren bis zur Straßen-
oberfläche umhüllt ſind. Die gleichen Standröhren ſind über den Luft-
ſpunden angebracht, welch' letztere in mittleren Entfernungen von 50 Meter
gedacht ſind. Es iſt angenommen, daß alle 100 Meter ein Feuerhahn
an der Leitung angebracht wird. Auf dieſe Weiſe ſind ca. 175 Luftpunden
und ca. 130 Feuerhahnen erforderlich. Hierfür iſt nöthig:

45	An gußeiſernen Röhren von über 200 mm. Lichtweite				
	1135 Meter von 450 mm. Lichtweite à 160 Kilgr. 192,960 K.				
	1065 „ „ 250 „ „ à 78 „ 83,070 K.				
	zuſammen 276,020 K.				
	Zuſchlag für Mehrgewicht pp. 5 °/o . . . . . 12,801 K.				
	289,821 K.				
	289,821 Kilogr. = 5796,42 Centner à fl. 6. 6 kr.	35358	10		
46	An gußeiſernen Röhren zwiſchen 100 und 200 mm. Lichtweite:				
	1980 Meter von 180 mm. Lichtweite à 50 Klgr. . . 99,000 K.				
	1200 „ „ 150 „ „ à 40 „ . 48,000 K.				
	1698 „ „ 120 „ „ à 30 „ . 50,940 K.				
	197,940 K.				
	5 °/o Zuſchlag für Mehrgewicht . . . 9897 K.				
	207,837 K.				
	207,837 Kilogr. = 4156,74 Centner à fl. 6. 36 kr.	27434	29		
	zu übertragen	62792	39	304300	—

Position.	Kosten-Voranschlag. Herstellung einer Wasserleitung der Stadt Freiburg.	Betrag einzeln.		im Ganzen.	
	Uebertrag	62792	39	304300	—
47	An gußeisernen Röhren von 90 mm. Lichtweite: 12,031 Meter von 90 mm. Lichtweite à 22 fl. . . 264,682 fl. 5 % Zuschlag für Mehrgewicht . . . 13,234 fl. zusammen 277,916 fl. 277,916 Kilgr. = 5558,32 Centner à fl. 7. 18 kr. . .	40575	44		
48	Für Privatansätze 820 Centner zu fl. 8. 24 kr.	6942	—		
49	Anschaffung einer Probirvorrichtung	1500	—		
50	Probiren und Abwiegen dieser Röhren	3000	—		
51	Herstellung der Rohrleitungsgräben oben 1,2, unten 0,8 Meter breit, im Mittel 2 Meter tief, Aufgraben und Wiedereinfüllen inclusive Aufbrechen von Pflaster, Fahrstraßen :c. 39,148 meub. à 18 kr.	11744	24		
52	Verlegen dieser Röhren incl. Material zum Dichten: 1135 Meter von 450 mm. à fl. 4. 30 kr. . fl. 5107. 30 kr. 1066 „ „ 250 „ à fl. 2. 30 kr. . „ 2662. 30 „ 1980 „ „ 180 „ à fl. 1. 48 kr. . „ 3564. — „ 1200 „ „ 150 „ à fl. 1. 30 kr. . „ 1800. — „ 1698 „ „ 120 „ à fl. 1. 12 kr. . „ 2037. 36 „ 12031 „ „ 90 „ à fl. — 54 kr. . „ 10827. 54 „ zusammen fl. 25,999. 30 kr.	25999	30		
53	Für das Wiederherstellen von 23,480 mq. Fahrbahn à 15 kr.	5872	15		
54	Für besondere Arbeiten bei Theilkastenschachten, Feuerhahnen, Schiebern, Spuntkasten :c. zur Fahrbahnherstellung	1500	—		
55	13 Theilkasten à fl. 70. — kr.	910	—		
56	5 Schieber von 450 mm. à fl. 300 . . . . fl. 1500. — kr. 6 „ „ 250 „ à fl. 200 . . . . fl. 1200. — kr. 10 „ „ 180 „ à fl. 150 . . . . fl. 1500. — kr 9 „ „ 150 „ à fl. 150 . . . . fl. 945. — kr. 6 „ „ 120 „ à fl. 75 . . . . fl. 450. — kr. 114 „ „ 90 „ à fl. 60 . . . . fl. 6840. — kr. zusammen fl. 12,435. — kr.	12435	—		
57	5 Ablaßvorrichtungen an Theilkasten à fl. 50 . . fl. 250. 40 „ „ Zweigröhren à fl. 100 . . fl. 4000. zusammen für Ablaßvorrichtungen fl. 4250.	4250	—		
58	175 Luftpunkten mit Standrohr à fl. 50. — kr.	8750	—		
59	130 Feuerhahnen à fl. 60 — kr.	7800	—		
	zu übertragen	194071	32	304300	—

Position.	Kosten-Voranschlag. Herstellung einer Wasserleitung der Stadt Freiburg.	Betrag			
		einzeln.		im Ganzen.	
		ℳ	₰	ℳ	₰
	Uebertrag	194071	32	304300	—
60	13 Einsteigschachte zu den Theilkasten sammt Deckel 2c. à fl. 250. — kr.	3250	—		
61	Für Abzugsbohlen 2c. aus 45 Abläffen à fl. 40. — kr.	1800	—		
62	Für verschiedene Geräthschaften zum Pressen der Röhren und Maschinentheile, für Wasserschöpfen, untere Aufsicht und sonstige verschiedene Ausgaben	14178	28		
	Summa F. Stadtröhrenneß			213300	—
	G. Unvorherzusehendes.				
63	Für unvorherzusehende, aus Zufälligkeiten erwachsende Ausgaben . . .	32400	—		
	Summa G. Unvorherzusehendes			32400	—
	Summa Summarum			550000	—

Karlsruhe, den 20. October 1872.

Gerstner.

Gutachten

des Hofraths Herrn **Dr. L. v. Babo** über die chemische Beschaffenheit des Wassers
der Quellen bei Ebnet.

————————

Von Herrn Oberbürgermeister S c h u st e r wurde ich im Frühling vergangenen Jahres aufge-
fordert, ein Gutachten über die Beschaffenheit des Wassers der oberhalb Ebnet aufgeschlossenen Quellen,
gestützt auf eine chemische Untersuchung abzugeben.

In Folge dessen wurden diesen Quellen 3 Füllungen entnommen und zwar:

    1. am 8. Mai 1872,

    2. am 28. Juni 1872,

    3. am 13. December 1872.

Die drei Proben wurden im Wesentlichen einer und derselben Untersuchungsmethode unterworfen.
Ebenso wurden Versuche der gleichen Art mit dem Wasser der bisherigen (Mösle) Leitung, der Dreisam,
des kleinen Baches, der in dem Waldschütz'schen Gute entspringt und einiger Pumpbrunnen angestellt, deren
Resultate in beiliegenden Tabellen zusammengestellt sind.

Den Gang der Untersuchungen habe ich in ausführlicher Mittheilung zu den Acten des Gemeinde-
Rathes gegeben.

Aus den Ergebnissen der Untersuchung lassen sich folgende Schlüsse ziehen:

1. Der Gesammt-Rückstand des Wassers ist ein sehr geringer, da derselbe pro Liter (= 1000 Grm.)
nach dem Glühen nur 0,0245 Grm. beträgt. Hiervon ist noch der aufgeschlämmte Thon mit 0,00917
Grm. abzuziehen, so daß nur 0,01533 Grm. bleiben.

Hiervon sind 0,00426 Grm. Kochsalz, der Rest besteht aus Kieselerde, Kohlensäure, Spuren von
Schwefelsäure, Kalk und Magnesia.

Daß die Menge dieser Bestandtheile eine relativ äußerst geringe ist, geht aus der Vergleichung
mit den Rückständen anderer Wasser hervor, welche oft 10 bis 20mal größer sind. Die aufgefundenen
Substanzen fehlen wohl in keinem Brunnenwasser, wenn es auch noch so rein erscheint.

2. Die Menge der in dem Wasser enthaltenen Kalk- und Magnesia-Salze bedingt dessen sogenannte
Härte. Man erkennt diese daran, daß harte Wasser, mit einer Seifenlösung geschüttelt, erst dann
einen Schaum geben, wenn man eine gewisse Menge vergeblich zugesetzt hat. Diese Eigenschaft rührt
daher, daß die im Wasser gelösten Salze eine, ihrem Quantum entsprechende Menge von Seife zerstören, ehe die charakteristische Eigenschaft des Seifenwassers, beim Schütteln einen Schaum zu geben,
hervortritt. Man kann daher aus der verbrauchten Seife, welche man zugesetzt hat, ohne daß die
Flüssigkeit schäumt, auf die Menge der hier in Betracht kommenden Verunreinigungen des Wassers,
welche man Härte nennt, schließen. Die Tabelle zeigt, daß 1000 Grm. des neuen Quellwassers nur
3,40 Mgrm. Seife unwirksam machen, während das Mösle-Brunnenwasser 4,58 Mgrm., der kleine
Bach aus dem Waldschütz'schen Gute 5,98 Mgrm., der Pumpbrunnen an der Garten- und Katharinen-

straße 23,9 und 18,1 Mgrm., andere Brunnen in kalkreichen Gegenden aber die 10—50fache Menge zerstören.

Diese Bestimmungen zeigen, daß das neue Wasser in Beziehung auf die darin enthaltenen unorganischen Substanzen als ein ausgezeichnet reines betrachtet werden kann.

3. Noch wichtiger, als die Reinheit eines Wassers in Betreff der darin enthaltenen organischen Bestandtheile ist dessen Gehalt an Salpetersäure und organischen Substanzen, das Fehlen von salpetriger Säure und Ammoniak, wenn dieses Wasser als Trinkwasser dienen soll.

Auch in dieser Beziehung läßt das Wasser aus den neuen Quellen nichts zu wünschen übrig, da auf Ammoniak und salpetrige Säure wiederholt vergeblich geprüft wurde, der Gehalt an Salpetersäure und organischen Substanzen aber ein sehr geringer ist.

Wirft man einen Blick auf die Tabelle, so ergeben sich Resultate, wie man sie nicht besser wünschen kann.

In den drei Untersuchungen übersteigt die Menge der Salpetersäure nicht 2 Mgrm. im Liter gegen 6—9 der alten Leitung und 9 des kleinen Baches aus dem Waldschütz'schen Gute, während die Leitung des bewährten Grellinger Wassers in Basel 13,5 Mgrm. enthält.

4. Ganz ähnlich verhält es sich mit der organischen Substanz, deren Menge man nach einem freilich noch unvollkommenen Verfahren aus der Menge von Sauerstoff bestimmt, welcher durch sie dem übermangansauren Kali entzogen wird, wie in der erwähnten Beschreibung der Untersuchungsmethoden näher erörtert ist. Hier ergaben die drei Füllungen ein abweichendes Resultat, indem diese Sauerstoffmenge bei den spätern Füllungen sehr erheblich abnahm. Bei der ersten Füllung war mehr Sauerstoff zur Zerstörung der organischen Substanz nöthig, als bei dem Wasser der Mösle-Leitung und dem Dreisamwasser, während die späteren Füllungen weniger ergaben. Dennoch ist schon die in der ersten Füllung enthaltene Menge sehr gering gegen die anderwärts gefundenen, gegen welche selbst die beträchtlichen, in den Pumpbrunnen gefundenen Mengen klein sind. Die Abnahme in den späteren Füllungen kann dahin gedeutet werden, daß das Quellwasser erst nach und nach von allem sogenannten wilden Wasser befreit wurde.

Die ganze Untersuchung des neuen Quellwassers ergibt demnach, daß dasselbe **ein ganz vorzügliches** ist, wie es sich wohl in wenigen Städten finden dürfte.

Freiburg, den 4. October 1874.

Dr. **L. v. Babo.**

Bei der Verdampfung von 1 Liter Wasser der neuen Quelle bleibender Rückstand.

Bei 150° getrocknet:		0,0318
geglüht:		0,0245
Glührest:		0,0063

Bei dem Auflösen in Salzsäure bleibender Rückstand:	0,00917
(Thon und Sand.)	
Rest nach Abziehen dieses Rückstandes vom Glührückstand:	0,01534

(Im Wasser ursprünglich gelöste Substanzen.)

In diesem sind enthalten:	Kalk	0,00850
	Magnesia	0,00160
	Kochsalz	0,00426
	Kali und Schwefelsäure	Spuren.
	Summa:	0,01436

Härte des Wassers, ausgedrückt in den Seifenmengen, welche durch 1 Liter Wasser zersetzt werden.

Neue Quelle	3,48	Milligr.
Alte Leitung	4,58	„
Dreisam	3,70	„
Bach hinter meinem Hause	5,98	„
Pumpbrunnen v. Babo	5,12	„
„ Gartenstraße	23,9	„
„ Katharinenstraße	13,10	„

Salpetersäure-Bestimmung in 1 Liter Wasser.

Neue Quelle Füllung 1.	0,00	Grm.
Füllung 2.	0,002	„
Füllung 3.	0,0017	„
Alte Brunnenleitung	0,006	„
dto.	0,009	„
Dreisam	0,003	„
Bach hinter meinem Hause	0,009	„
Pumpbrunnen v. Babo	0,018	„
Gartenstraße	0,073	„
Katharinenstraße	0,058	„
Grellinger Leitung in Basel	0,0178	„

Sauerstoffmenge, welche nöthig, um die in 1 Liter enthaltene organische Substanz zu zerstören.

Neue Quelle Füllung 1 . . . . 0,582 Milligr.

Füllung 2 . . . . 0,275 „

0,201 „

Füllung 3 . . . . 0,201 „

Alte Brunnenleitung . . . 0,240 „

0,356 „

Dreisam . . . . 0,308 „

Bach hinter meinem Hause . . . 0,68 „

Pumpbrunnen v. Babo . . . . 0,825 „

Gartenstraße . . . 0,893 „

Katharinenstraße . . 1,165 „

Gutachten

des Herrn Professor **Reichert** über die chemische Beschaffenheit des Wassers der
Quellen bei Ebnet.

Am 1. Dezember erhielt der Unterzeichnete vom städtischen Wasser= und Straßenbau=Amt eine
Probe des bei Ebnet aufgedeckten, zur Wasserversorgung der Stadt bestimmten Quellwassers mit dem Er=
suchen, dasselbe hinsichtlich seiner Verwendbarkeit als Trinkwasser einer Analyse zu unterwerfen. In Folge
dessen wurde die Untersuchung am 7. und 8. Dezember vorgenommen und dabei die Härte, der Gehalt
an Ammoniak, salpetriger Säure, sogenannter organischer Substanz und Salpetersäure bestimmt.

Der Gang der Untersuchung richtete sich wesentlich nach dem in Fresenius Zeitschrift der ana=
litischen Chemie von Tromnsdorf und Goppelsröder, Bd. VIII. Jahrg. 1869. S. 332; Bd. IX. 1870.
S. 1; Bd. X. 1871. S. 259 angegebenen Methode. Der Uebersichtlichkeit halber sind die Belege der Unter.
suchung in einer Beilage zusammengefaßt und folgen hier unmittelbar die

Resultate.

1) Die Härte beträgt 2,0 bis 2,1 Grade; d. h. der Gehalt des Wassers an in Lösung befind=
lichen Kalk= und Magnesiasalzen ist äquivalent einem Gehalte von 0,02 gr. kohlensaurem Kalk pro Liter
und macht daher 1 Liter Wasser 0,2 gr. Seife unwirksam.

2) Ammoniak. Von demselben konnte keine Spur aufgefunden werden, obgleich das Reagenz
so empfindlich war, daß noch 0,025 mgr. Ammoniak in einem Liter Wasser, also 1 Thl. Ammoniak in 40
Millionen Theilen Wasser nachgewiesen werden konnte.

3) Salpetrige Säure. Auch davon war keine Spur aufzufinden; das Reagenz war so
empfindlich, daß im Liter noch deutlich 0,05 mgr. salpetrige Säure, also 1 Thl. salpetrige Säure in 20
Millionen Theilen Wasser aufgefunden werden konnte.

4) Organische Substanz. Jedes natürliche Wasser hat einen größeren oder kleineren Gehalt
an Stoffen, welche leicht eine Verbindung mit Sauerstoff eingehen und denselben aus gewissen Reagenzien
aufnehmen. Diese Stoffe können sowohl der organischen Welt als auch dem Mineralreiche entstammen
und werden, ohne daß man ihre eigentliche Natur kennt, als organische Substanz bezeichnet. Die Menge
dieser organischen Substanz wird nicht durch ihr eigenes Gewicht, sondern durch das Gewicht des Sauer=
stoffs ausgedrückt, welchen sie zu binden vermag. Die Untersuchung hat ergeben, daß die organische Sub=
stanz pro Liter 0,29 bis 0,31 mgr. Sauerstoff zu binden vermag.

5) Salpetersäure. Der Gehalt an Salpetersäure schwankt in den Grenzen der Nachweis=
barkeit; derselbe ist größer als 0,2 und kleiner als 0,4 mgr. im Liter. .

Beurtheilung des Wassers nach den Resultaten der Untersuchung.

1) Wegen des geringen Härtegrades ist das fragliche Wasser zu den weichen zu rechnen und zu
allen technischen und Haushaltungszwecken*), welche weiches Wasser erfordern, zu verwenden. Für die
Verwendung als Trinkwasser ist der vorhandene Härtegrad ohne jede Bedeutung.

---

*) Zum Waschen mit Seife.

2) unb 3) Von der größten Wichtigkeit ist der gänzliche Mangel an Ammoniak und salpetriger Säure. Das Ammoniak tritt stets auf bei der Fäulniß organischer namentlich thierischer Stoffe und setzt sich durch einen langsamen Oxidationsprozeß in salpetrige Säure um. In der gänzlichen Abwesenheit des Ammoniak und der salpetrigen Säure liegt deßhalb der Nachweis, daß das fragliche Wasser gänzlich frei ist von Fäulnißproducten, daß also eine Infiltration dieser Stoffe aus den im Quellengebiet gelegenen Erd= schichten nicht stattfindet.

4) Die geringe Quantität sogenannter organischer Substanz ist dem Vorigen gegenüber ohne Ge= wicht; Pettenkofer fand in gewöhnlichem Trinkwasser die 1= bis 6fache Menge derselben vor. Aus der Formation des Quellengebietes ist überdies mit Wahrscheinlichkeit anzunehmen, daß ein großer Theil dieser Substanz aus gelöstem kohlensaurem Eisenoxydul besteht, welches sich wohl in allen Quellen des Schwarz= waldes findet.

5) Eine Bestätigung der Reinheit des Wassers liegt in dem kaum noch nachweisbaren geringen Gehalte an Salpetersäure. Die Salpetersäure entsteht theilweise in der Luft und findet sich deßhalb im Regenwasser, theilweise aus den Fäulnißprodukten thierischer Stoffe in Folge einer fortschreitenden Oxy= dation des Ammoniak und der salpetrigen Säure.

Goppelsröder, dem man die umfassendsten Untersuchungen der natürlichen Wasser hinsichtlich ihres Säuregehaltes verdankt, findet in 1 Liter Regenwasser von Spuren unter 0,4 mgr. bis zu 13,6 mgr. Salpetersäure.

In 1 Liter Grundwasser fand derselbe:
    in Kleinbasel 1,5 — 15,8 mgr.
    in Großbasel 24,7 — 400 mgr.

Im Wasser der Grellinger Leitung in den Monaten:

Sept.	Nov.	Dezb.	Febr.	Mai
17,3	1,2	1,0	2,2	2,6 mgr. pro Liter.

Bei dieser Gelegenheit sei auf den veränderlichen Gehalt der Grellinger Leitung an Salpeter= säure hingewiesen, welche im September ein Maximum, im Dezember ein 17,3 mal kleineres Minimum zu sein scheint.

6) Als Gesammtergebniß der Untersuchung stellt sich heraus, daß wenige Städte mit Trinkwasser versorgt sind, dessen Reinheit die der Ebneter Quelle erreicht. Vom Gesichtspunkte der chemischen Be= standtheile ist das Ebneter Quellwasser ein ganz vortreffliches zu nennen.

Freiburg, den 12. Dezember 1873.

E. Reichert, Professor.

Belege.

1. Die Härte. Dieselbe wurde nach dem üblichen Verfahren mit einer Seifenlösung bestimmt, von welcher 2,4 CC. in 40 CC. Wasser von 22° Härte einen 5 Minuten stehenden Schaum hervorbrachten. 50 CC. destillirtes Wasser erforderten 0,1 CC. Seifenlösung zum stehenden Schaume.

50 CC. Ebneter Quellwasser 0,37 CC.
0,38 CC. } Seifenlösung,
0,36 CC.

daher erfordert die Härte allein 0,27 CC. Seifenlösung und hieraus berechnet sich der Härtegrad auf $22 \times 0,27 \times 40 : 2,3 \times 50 = 2,07°$.

2. Ammoniak. Auf Ammoniak wurde untersucht mittelst des Neßler'schen Reagenz. Als ich 0,25 CC. einer Salmiaklösung, von welcher 1 CC. genau 0,01 mgr. Ammoniak entspricht, in einem mit 100 CC. Wasser gefüllten Cylinder brachte, in welchem das Reagenz für sich keine Färbung hervorrief, konnte man nach kurzer Zeit eine noch deutlich erkennbare Färbung der Flüssigkeit wahrnehmen. Man kann also mittelst des Neßler'schen Reagenz in 100 CC. Wasser noch 0,0025 und in einem Liter noch 0,025 mgr. Ammoniak nachweisen. Das gänzliche Ausbleiben jeder Reaktion beweist die Abwesenheit des Ammoniak im untersuchten Quellwasser.

3. Salpetrige Säure. 300 CC. Quellwasser wurden mit 5 CC. Jodzinkstärkekleister und 5 CC. reiner Schwefelsäure versetzt. Es trat bei der Aufbewahrung im Dunkeln selbst innerhalb 24 Stunden keine Farbenänderung ein. Als aber der Versuch mit 300 CC. reinem Wasser, das mit 0,0284 mgr. salpetriger Säure versetzt war, wiederholt wurde, entstand während 10 Minuten eine tiefblaue Färbung. Es konnten daher in 300 CC. 0,0284 mgr. salpetriger Säure und im Liter 0,0946 mgr. noch deutlich erkannt werden.

4. Organische Substanz. Dieselbe wurde in folgender Weise bestimmt. 100 CC. Quellwasser wurden mit 20 CC. reiner Schwefelsäure und 1 CC. Chamäleonlösung versetzt, nach einer halben Stunde mit arseniger Säure auch farblos zurücktitrirt.

1 CC. Chamäleon äquivalent 8,86 CC. arseniger Säure;
1 CC. arseniger Säure äquivalent 0,008 mgr. Sauerstoff.

Zur Entfärbung des überschüssig zugesetzten Chamäleon waren erforderlich 5,0 CC.
5,2 CC. } arseniger Säure,

daher reduzirender Werth von 100 CC. Quellwasser 8,86—5,1 CC. arseniger Säure, entsprechend pro Liter 0,29 bis 0,31 mgr. Sauerstoff.

5. Salpetersäure 50 CC. Wasser wurden mit 100 CC. reiner Schwefelsäure und mit Indigolösung, wovon 1 CC. äquivalent 0,02 mgr. Salpetersäure tropfenweise versetzt. Nach Zusatz von 0,5 CC. zeigte sich eine Farbenänderung, welche bei Verbrauch von 1 CC. deutlich bläulich erschien. Hieraus ergibt sich der Gehalt an Salpetersäure zwischen 0,2 und 0,4 mgr. pro Liter.

Vortrag des Gemeinderathes Freiburg

zur

Bürgerausschußsitzung vom 1. Dezember 1873.

Die Ausführung einer neuen Wasserleitung betr.

In der von uns ausgegebenen Denkschrift vom 23. Oktober b. J. haben wir nicht nur die dringende Nothwendigkeit einer Verbesserung unserer städtischen Wasserleitung nachgewiesen, sondern auch die Mittel und Wege angedeutet, welche wir zur Beseitigung der vorhandenen Uebelstände für geeignet erachten. Indem wir in allen Theilen auf diese Denkschrift verweisen, soll hier nur wiederholt werden, daß aus den dargelegten Gründen wir die Verbesserung der seitherigen Mösleleitung nicht zu befürworten vermögen, sondern einer neuen Leitung aus dem Quellengebiete oberhalb Ebnet entschieden den Vorzug geben. Ob und in welcher Ausdehnung die Mösleleitung neben der neuen Leitung wird noch bestehen können, muß die Erfahrung lehren, jedenfalls kann an der alten Leitung in so lange nichts verändert werden, bis die neue Leitung hergestellt sein wird.

Die Festsetzung der Bedingungen, unter welchen aus der städtischen Leitung Wasser an Private abgegeben werden soll, bleibt der spätern Beschlußfassung des Bürgerausschusses vorbehalten und haben wir allen Grund anzunehmen, daß die neuen Preise für das Wasser sich nach Maßgabe der Leistung niedriger stellen werden, als die seitherigen Brunnenzinse.

Obgleich wir keinen Grund haben, an der Gediegenheit des durch die Herren Ingenieure Gerstner und Lueger gefertigten Operats zu zweifeln, werden wir dennoch dasselbe vor Inangriffnahme des Werkes in allen Theilen einer eingehenden Prüfung durch weitere bewährte Techniker unterziehen lassen und etwaige wesentliche Aenderungsvorschläge s. Z. wieder zur Kenntniß des Bürgerausschusses bringen und dessen weiterer Beschlußfassung unterbreiten.

Auf Seite 59 der Eingangs erwähnten Denkschrift sind die Kosten der von uns vorgeschlagenen Wasserleitung auf Grund des Voranschlags (Seite 65--71) zu 550,000 fl. angegeben, allein hierunter ist die Röhrenleitung nach Herbern und Wiehre nicht begriffen und da es uns unthunlich erscheint, die beiden Vorstädte von der Wohlthat der Wasserversorgung auszuschließen, auch die Errichtung einiger Springbrunnen als ein Erforderniß erkannt werden muß, so werden hiefür sowie für weitere Kosten, welche im Voranschlage nicht in Ansatz gebracht sind, nach dem Gutachten unserer Techniker weitere 150,000 fl. erforderlich sein, so daß sich der gesammte Aufwand auf 700,000 fl. berechnet.

Hiernach stellen wir den Antrag auf Ausführung der Wasserleitung vom Quellengebiet oberhalb Ebnet im Anschlag von . . . . 700,000 fl. und auf Genehmigung zur Kapitalaufnahme abzüglich der bereits für Vorarbeiten

genehmigten . . . . 47,000 fl.

mit noch . . . . 653,000 fl.

Der Antrag wurde vom Bürgerausschuß genehmigt.

Vortrag des Gemeinde-Vorstandes

in der

Sitzung des Bürgerausschusses vom 16. November 1874.

Die neue städtische Wasserleitung und die Bestimmungen
über Benützung derselben durch die Einwohnerschaft betreffend.

Durch die Beschlüsse des Bürgerausschusses vom 1. Dezember 1873 und 31. März 1874
wurde das von Herrn Baurath Gerstner in Karlsruhe vorgelegte generelle Projekt für die
neue Wasserleitung, mit welchem sich auch Herr Oberbaurath v. Ehmann aus Stuttgart im
Allgemeinen einverstanden erklärte, zur Ausführung genehmigt. Die Arbeiten wurden dann sofort
unter Leitung des Herrn Ingenieur Lueger begonnen und steht die vollständige Inbetriebsetzung
des Werkes im Laufe des kommenden Jahres zu erwarten.

Die getroffenen Dispositionen an der Wasserfassung haben sich bewährt und es hat die
Wassermenge am Sammler in Ebnet in dem diesjährigen sehr trockenen Herbste stets mehr betragen, als das Zuleitungsrohr von 45 Centimeter Lichtweite zum Reservoire führen kann. Dieses
Zuleitungsrohr ist aber so berechnet, daß durch dasselbe täglich $7^1/_2$ Millionen Liter Wasser zur
Stadt geführt werden, was bei einer Einwohnerzahl von 40,000 auf jeden Kopf 187,5 Liter
pro Tag ergibt. Wir sind also in der angenehmen Lage, die Sicherheit zu haben, daß die vorhandene Wassermenge auch in der trockensten Zeit für 40,000 Einwohner vollkommen ausreicht;
ferner können wir, wenn die Stadt einst über 40,000 Einwohner zählen sollte, bei der allgemeinen Disposition der Sammelanlage und der Reichhaltigkeit des Quellengrundes, die Erweiterung der Wasserfassung auf das Bedürfniß von 80,000 Einwohner vollziehen, ohne eine Störung
des Betriebes zu verursachen. Die dann noch weiter erwachsenden Kosten entstehen lediglich aus
Herstellung der zweiten Röhrenfahrt zum Reservoire, welches jetzt schon so groß wird, um auch
für die späteren Verhältnisse auszureichen. Die glückliche Wahl der Baustelle bezw. das dort

vorgefundene gute Fundament hat es uns möglich gemacht, dem Reservoire einen Wasserinhalt von vier Millionen Liter zu geben, ohne daß die hiefür angenommene Bausumme von 60,000 fl. überschritten wird. Herr Oberbaurath v. Ehmann hatte für den Bedarf von 40,000 Seelen ein Reservoir von 2700 Cubik-Metern als ausreichend bezeichnet und hiefür einen wahrscheinlichen Aufwand von 60,000 fl. bis 65,000 fl. angegeben. Der Wasserspiegel des in zwei Kammern abgetheilten Reservoirs wird 30 Meter (100 Fuß) über dem Pflaster am Schwabenthor liegen.

In der erfreulichen Hoffnung, daß die Zeit für eine Vergrößerung der Einwohnerzahl Freiburgs auf über 40,000 nicht mehr sehr ferne liegt, haben wir bestimmt, daß an jenen Stellen, bei welchen die Zuleitung mit besonderen Schwierigkeiten zu legen ist, schon jetzt ein doppelter Röhrenstrang eingesetzt werde. Es mußte dieß z. B. geschehen direkt unterhalb des Sammlers in Ebnet, dann beim Durchgange unter dem sog. Eschbach und unterhalb der Kart-häuserbrücke bei der Kreuzung mit dem Gewerbsbach. Die Felsensprengarbeiten sind überall für einen doppelten Strang ausgeführt worden, weil später das Sprengen neben dem schon gelegten Rohre Gefahren mit sich bringen würde.

Nach den bestehenden Verträgen soll die Zuleitung und das Hochreservoir bis 1. Mai 1875, das gesammte Stadtröhrennetz aber im Laufe des Jahres 1875 vollendet werden. Bis zum 1. August 1875 müssen sämmtliche Hauptröhrenfahrten des Stadtnetzes, nämlich die der Kaiser-, Salz-, Berthold-, Dreisam-, Wilhelm-, Bahnhof-, Friedrich- und Schloßbergstraße in Betrieb gesetzt werden können. Nach dem Dafürhalten der Bauleitung dürfte jedoch die Röhren-fahrt von Ebnet bis zur Stadt schon vor dem festgesetzten Termine fertig gestellt sein. Auch hinsichtlich des Stadtröhrennetzes sind wir zu der Erwartung berechtigt, daß die Termine einge-halten werden, indem die Anfertigung der hiefür bestimmten Theile schon weit vorgeschritten ist und sich jetzt schon Lieferungen am Platze befinden, während das Verlegen erst im Frühjahre 1875 beginnt.

Der Gemeinderath hielt es deßhalb für zeitgemäß, in Uebereinstimmung mit der zur Behandlung der Wasserleitungsfrage bestehenden Spezial-Commission (den Herren: Baumeister Füger, Freiherr v. Gayling, Georg Knupfer, prakt. Arzt Straub, prakt. Arzt Esch-bacher und prakt. Arzt Lang) Bestimmungen darüber zu treffen, in welcher Weise für die Zukunft die Benützung der neuen Wasserleitung durch die Einwohnerschaft geregelt und wie die seither bestandene Mösle-Brunnenleitung behandelt werden soll. In letzterer Hinsicht wurde als zweckmäßig erachtet, die Mösleleitung neben der neuen Leitung fortbestehen zu lassen. Wollen diejenigen Hausbesitzer, welche seither Möslewasser gegen Entrichtung eines Brunnenzinses von der Stadt bezogen haben, dieß in Zukunft nicht mehr thun, so müssen dieselben der Gemeinde den hierauf bezüglichen Vertrag kündigen. Die neue Brunnenleitung und die seitherige sollen von einander getrennt erhalten werden; es kann demnach auch keine Umwandlung der Brunnenrechte von der Mösleleitung auf die neue Leitung statthaben. Ein Theil der öffentlichen Brunnen wird nach wie vor von der Mösleleitung Wasser erhalten, jedoch in reichlicherem Maße wie bisher.

In Bezug auf die neue Brunnenleitung gingen wir von dem Grundsatze aus, dieses Unternehmen vor allen Dingen als ein gemeinnütziges zu betrachten, hauptsächlich zur Förderung der Gesundheitspflege, zur Reinlichkeit und Feuersicherheit, sowie zur Bequemlichkeit und Annehmlichkeit der Bewohner. In Folge dessen konnten wir eine der Stadt-Rentkasse zu gut kommende große Rentabilität desselben nicht in den Vordergrund stellen, sondern mußten suchen, die Wasserzinse für die Einwohner möglichst billig zu halten, doch so, daß mit Rücksicht auf den Verbrauch der öffentlichen Brunnen, aus den Einnahmen die Verzinsung und allmälige Tilgung des Baukapitals erfolgen kann.

Diese Absicht wird um so rascher verwirklicht werden, je mehr sich die Einwohnerschaft an dem neuen Unternehmen betheiligt.

Bei der Berathung über die Bedingungen der Wasserlieferung haben wir ein sehr reichhaltiges Material über die Einrichtungen anderer Städte und die daselbst gemachten Erfahrungen benützen können, von welchem Jedermann auf unserem Wasser- und Straßenbauamt Einsicht nehmen kann.

Wenn auch als allein richtig zugegeben werden muß, daß der zu entrichtende Preis für das Wasser lediglich nach dem Quantum bemessen werden soll und deßhalb die Einführung von Wassermessern erwünscht wäre, so kann dieses Instrument für einen Kleinverbrauch bei gewöhnlichen Haushaltungen nach den Erfahrungen, die man fast allerwärts gemacht hat, der Unsicherheit wegen nicht empfohlen werden, abgesehen davon, daß die Anschaffungskosten, welche je nach Größe 40 bis 50 fl. und noch mehr pro Stück betragen, sehr in Betracht gezogen werden müssen und manchem Abnehmer zu hoch sein könnten.

Anderseits hat man in vielen Städten angenommen, es liege gewissermaßen in der Billigkeit gegen die weniger bemittelte Klasse der Bevölkerung, wenn der Wasserzins nach der Höhe des Miethwerthes der Wohnungen abgeschätzt werde, damit diese Klasse nicht darauf angewiesen sei, bei dem Verbrauche des Wassers zu sparen.

Wir sind im Allgemeinen mit dieser Ansicht einverstanden und haben deßhalb für den gewöhnlichen Hausgebrauch das System der Berechnung nach dem abgeschätzten Miethwerth der Wohnung vorgeschlagen.

Damit wollen wir jedoch die Berechnung nach Wassermessern nicht ausschließen. Weil aber, wie oben gesagt, die Wassermesser zum Nachtheil des Verkäufers bei kleinem Verbrauche unrichtig anzeigen, haben wir zu unserer Sicherstellung einen Minimalbetrag bei Wasserabgabe nach Wassermessern festgesetzt zu der Grenze, von welcher ab die richtigen Angaben beginnen.

Der einzelne Consument kann sich also innerhalb gewisser Grenzen für das eine oder andere System der Berechnung entscheiden und setzen wir voraus, daß die Wassermesser in der Regel bei größerem Verbrauche zu gewerblichen Zwecken, bei Springbrunnen, Anlagen ꝛc. Verwendung finden, während der billig gestellte Prozentsatz des Miethwerthes für den gewöhnlichen Hausgebrauch meistens vorgezogen werden dürfte.

Nach eingehenden Erwägungen hat der Gemeinderath in Rücksicht auf die geringen Betriebskosten, welche hier anderen Städten gegenüber aufzuwenden sind, und in der Erwartung, daß die Betheiligung der Einwohner an dem neuen Unternehmen eine ziemlich allgemeine sein werde, vorbehaltlich Ihrer Genehmigung, bestimmt, daß der Preis für 1000 Liter Wasser aus der neuen Leitung 7 Pfennige, der Prozentsatz des Miethwerthes aber 2½ betragen soll.

In Berlin beträgt dieser Prozentsatz 4, in Braunschweig 3, in Carlsruhe 2½, in Frankfurt 4, in Heilbronn 4, während für 1000 Liter Wasser berechnet werden: in Basel 16 Pfennige, in Bern 10 Pf., in Bonn 10 Pf., in Braunschweig 10 Pf., in Bremen 8 Pf., in Carlsruhe 7,1 Pf., in Cassel 8 Pf., in Cöln 10 Pf., in Danzig 9 Pf., in Düsseldorf 8 Pf., in Frankfurt 13 Pf., in Heidelberg 30 Pf., in Leipzig 9 Pf., in Magdeburg 16 Pf., in Neustadt a. d. H. 14 Pf., in Schweinfurth 21 Pf., in Ulm 10 Pf.

Sie mögen daraus ersehen, daß wir die denkbar niedrigsten Ansätze angenommen haben und dürfte das Gleiche auch bei den Preisen, die für besonderen Gebrauch des Wassers zu verschiedenen außergewöhnlichen Zwecken festgestellt sind, eintreffen. Im Allgemeinen kann jedoch dieser Wasserzinstarif nur ein provisorischer sein, da sich die Betheiligung der Einwohner an dem neuen Unternehmen nicht sicher voraussehen läßt; wir sind aber zu der Erwartung berechtigt, daß eine Erhöhung desselben nicht nothwendig werden wird.

Die Begünstigung, welche wir denjenigen gewähren wollen, die sich vor dem 1. März 1875 zur Betheiligung an dem Unternehmen entschließen, dürfte ihre gute Wirkung nicht verfehlen.

Der Wasserzins soll vom Hauseigenthümer erhoben werden, welchem es überlassen bleibt, sich von dem Miether Ersatz leisten zu lassen.

Der Verbrauch des Wassers ist ein für die bezeichneten Zwecke unbeschränkter; es bringt dieß allerdings die Gefahr mit sich, daß eine große Wasserverschwendung stattfinden kann. Da hinsichtlich dieses Punktes eine Controle schwer durchzuführen ist, so verlassen wir uns hiebei auf das Gerechtigkeitsgefühl unserer Abnehmer.

Die Vertragsbestimmungen

über

Benützung der neuen Brunnenleitung, welche der Gemeinderath zur Annahme empfiehlt, lauten:

§ 1.

N. N..............

unterwirft sich dem Wassergeldtarife, wie er jeweils von der Gemeindebehörde festgestellt wird und zur Zeit nach Inhalt der Beilage besteht, welche einen Bestandtheil dieses Vertrages bildet.

§ 2.

Der Abonnent trägt allein die Kosten der Anlage der Privat-Ableitung und ihrer Verbindung mit dem öffentlichen Röhrenstrang. Ebenso trägt er für den Fall einer Kündigung des Vertrages die Kosten, welche der Gemeinde entstehen, wenn die geschaffene Verbindung mit dem öffentlichen Röhrenstrange beseitigt wird, welch' letztere Arbeit nur durch die Gemeinde vorgenommen werden darf.

Die Herstellungsarbeiten werden vom Hauptrohr bis zur Grenze der betreffenden Liegenschaft und je nach der Mauerdicke des Hauses bis zu 2,4 Meter über dieselbe in dem Grundstücke selbst, von der Gemeindebehörde auf Rechnung des Abonnenten ausgeführt. Denjenigen Abonnenten, welche sich vor dem 1. März 1875 zum Wasserbezug aus der neuen Wasserleitung anmelden, werden die obengenannten Arbeiten unentgeltlich hergestellt. Die Leitung innerhalb des Grundstücks kann der Abonnent von jedem Installateur besorgen lassen, der von Seiten des Gemeinderathes zur Herstellung von Wasserleitungs-Installationen im Anschluß an die neue Brunnenleitung ermächtigt ist; die erwachsenden Kosten fallen den Abonnenten zur Last, der Gemeinde steht es zu, diese Arbeiten zu controliren, ohne daß sie dadurch eine Gewährleistung für deren Solidität übernimmt. Nach Herstellung der Privatleitung geht dieselbe vom Hauptrohr bis zur Grenze der betreffenden Liegenschaft in das Eigenthum der Stadt über, welche fortan auch die Unterhaltung dieses Verbindungsstückes auf ihre Kosten übernimmt.

Die ganze Leitung innerhalb des Grundstücks verbleibt als Privateigenthum den Abonnenten und liegt denselben auch die Unterhaltung ob.

§ 3.

Der Besitzer einer Privatleitung darf ohne Genehmigung des Stadtrathes keine Veränderungen an seiner Leitung vornehmen oder vornehmen lassen.

§ 4.

Den von der Gemeindebehörde hiezu aufgestellten Beamten ist jeweils, so oft dieselben eine örtliche Revision der Anlage für nöthig erachten, der Zutritt zu allen Theilen des mit der Privatableitung versehenen Grundstücks zu gestatten.

§ 5.

Den Abonnenten, welche keine Wassermesser besitzen, ist es untersagt:
a. an Personen, welche nicht im Hause wohnen, Wasser aus der Privatleitung abzugeben,
b. das Wasser für andere Zwecke, als die vereinbarten, zu gebrauchen.

§ 6.

An allen Ausflüssen müssen Verschlußhahnen nach den von der Gemeindebehörde vorgeschriebenen Mustern angebracht werden.

§ 7.

An jeder Privatleitung muß zur Entleerung der Steigröhren ein Ablaß angebracht sein.

§ 8.

Bei einer Feuersbrunst müssen die Privatableitungen auf Verlangen der Feuerwehr sofort geschlossen werden. Während eines Brandes muß jeder Abonnent gestatten, daß seine Privatleitung zum Löschen benützt wird. In letzterem Falle wird das Wasser aus den Häusern, in welchen sich Wassermesser befinden, dem Besitzer an seiner Rechnung in Abzug gebracht, soweit solche den Betrag von 90 Mark übersteigt.

§ 9.

Für das mittelst Privatleitung aus der städtischen Wasserleitung zu entnehmende Wasser wird die Vergütung (das Wassergeld), sofern das Wasser nur zum gewöhnlichen Hausbedarf und ohne Wassermesser entnommen wird, der Regel nach vierteljährig am 1. Januar, 1. April, 1. Juli und 1. Oktober zur Stadtkasse vorausbezahlt.

Die Pflicht zur Zahlung beginnt mit dem Tage, an welchem die Privatableitung aus der öffentlichen Leitung gefüllt wird und hat sofort die sich berechnende theilweise Vorausbezahlung bis zum nächsten vierteljährlichen Termine zu erfolgen.

Für das nach einem Wassermesser entnommene Wasser erfolgt die Bezahlung allmonatlich, und zwar innerhalb acht Tagen nach der Behändigung der von der Verwaltung der Wasserleitung aufgestellten Rechnung an den Besitzer der Privatleitung.

Erreichen die Rechnungsbeträge für das ganze Jahr die Summe von 90 Mark nicht, so wird das hiezu Fehlende in der letzten Monatsrechnung in Ansatz gebracht.

§ 10.

Die Anschaffungskosten der Wassermesser trägt der Abonnent.

Die Gemeindebehörde bezeichnet das Etablissement, von welchem diese Instrumente be=
zogen werden müssen und genehmigt den Ort der Aufstellung derselben, sowie die ganze Ein=
richtung der Privatleitung. Die Controle steht dem hiefür aufgestellten Beamten zu.

Ist der Wassermesser schadhaft, so ist die Gemeindebehörde berechtigt, dem Abonnenten,
welcher diesen Fehler nicht sofort entfernt, die Wasserabgabe fernerhin zu verweigern, die Stadt
behält sich die käufliche Uebernahme sämmtlicher Wassermesser der Abonnenten um einen zu
vereinbarenden oder durch Experten zu bestimmenden Preise vor.

§ 11.

Jedem der beiden Theile steht eine dreimonatliche Kündigung dieses Vertrages zu,
jedoch nur zu den Terminen 1. Januar, 1. April, 1. Juli und 1. Oktober.

§ 12.

Für etwaige Unterbrechungen in der Wasserversorgung leistet die Stadt keinen
Schadenersatz

§ 13.

Der Gemeindebehörde steht das Recht zu, in allen Fällen, in welchen Seitens der
Abonnenten willkürliche Abänderungen vorgenommen oder den Controlbeamten der Zutritt zu
den Privatleitungen verweigert werden sollte, insbesondere auch dann, wenn die Zahlungen
nicht pünktlich geleistet werden, die Wasserversorgung absperren zu lassen, und zwar, ohne daß
es einer vorhergegangenen Aufforderung oder Mahnung bedarf und ohne vorhergehende richter=
liche Entscheidung.

§ 14.

Gegenwärtiger Vertrag ist mit seinen Bestandtheilen doppelt gefertigt, beiderseits
unterzeichnet und jedem der Contrahenten ein Exemplar davon in Urschrift zugestellt worden.

Als Wassergeldtarif wird vorgeschlagen:

1) Für den gewöhnlichen Hausbedarf.

Die Abgabe von Wasser findet an jede in einem Hause befindliche Wohnung statt;
die Kosten der Wasserlieferung werden nach dem eingeschätzten Miethwerthe der Wohnung mit
2 1/2 Prozent dieses Werthes berechnet und der entfallende Betrag vom Hauseigenthümer erhoben.
Bei Liegenschaften, welche mit Rücksicht auf Geschäftslage und Ladenmiethe einen zum Ver=
hältnisse der Wohnungsräume zu hohen Miethwerth repräsentiren, kann entsprechende Minderung
desselben nach Vereinbarung eintreten.

2) Für gewerbliche Zwecke.

Hiebei ist der Wassermesser vorausgesetzt.

In solchen Fällen werden für 1000 Liter 7 Pfennige verrechnet, dabei aber 90 Mark
pro Jahr als Minimalbetrag festgesetzt. Bei einem Mehrverbrauch als 30,000 Liter pro Tag
tritt freie Vereinbarung zwischen Consument und Gemeinde ein.

3) Für sonstige Zwecke mit besonderer Einrichtung.

Für ein Pferd oder Stück Rindvieh jährlich . . . . 2 Mark
„ einen Wagen zum Personentransport . . . . 1 „ 50 Pf.
„ eine Waschküche . . . . 5—15 „
„ ein Bad-Cabinet . . . . 4 „
„ ein Watercloset . . . . 5 „
„ ein Pissoir je nach dem Wasserverbrauch pro 1000 Liter . . 7 Pf.
„ Gartenanlagen, Höfe und Plätze pro □M. Fläche . . . 2½ Pf.
„ Gewächshäuser pro □M. Fläche . . . . 20 Pf.
„ Springbrunnen pro 1000 Liter . . . . 7 Pf.
„ Neubauten pro □M. Grundfläche und für jeden Stock . . 4 Pf.

Der Antrag wurde vom Bürgerausschusse genehmigt.

Instruction

für

Herstellung von Privatwasserleitungen in Anschluß an die neue städtische Brunnenleitung.

1.

Für jedes Haus ist an dem städtischen Röhrenstrange eine Abzweigung vorgesehen. An diese Abzweigung wird die Privatleitung gemäß § 2 der Vertragsbestimmungen angeschlossen. Die Zuleitung bis zu 2,4 Meter über die Grundstücksgrenze geschieht in der Regel in guß= eisernen Röhren von 25 Mm. bezw. 50 Mm. Lichtweite.

2.

Wenn ausnahmsweise durch eine Zuleitung mehr als 2 Liter Wasser pro Secunde fließen soll (z. B. bei Hydromotoren mit mehr als einer Pferdekraft), so wird der Durchmesser der Röhren durch unser Wasser= und Straßenbau=Amt besonders festgesetzt.

3.

In jeder Zuleitung wird ein, nur dem städtischen Brunnenmeister zugänglicher Verschluß eingesetzt. Verschiedene Leitungen für ein Grundstück dürfen sich erst hinter diesem Verschlusse trennen.

4.

Zur Herstellung von Privatleitungen dürfen nur Röhren von Metall verwendet werden. Im Uebrigen ist den Abnehmern die Art der Einrichtung freigestellt. Es wird jedoch bestimmt, daß bei sämmtlichen Privatleitungen mit Zapfhahnen, an den höchstgelegenen Punkten der Lei= tung Windkessel angebracht sein müssen.

5.

Jede Hausleitung wird, bevor sie an das Stadtröhrennetz angeschlossen werden darf, auf einen Druck von 8 Atmosphären durch das städtische Wasser= und Straßenbau=Amt geprüft; nach Ergebniß dieser Prüfung wird der Anschluß gestattet oder verweigert.

6.

Es dürfen nur solche Installateure Hausleitungen an die neue Brunnenleitung anschließen, denen der Stadtrath zum Anschlusse Concession ertheilt hat.

7.

Die Conceſſion zum Anſchluſſe von Privatleitungen an das ſtädtiſche Röhrennetz wird geübten Inſtallateuren auf Anſuchen vom Stadtrathe in jederzeit widerruflicher Weiſe ertheilt; der Widerruf dieſer Conceſſion erfolgt durch öffentliche Bekanntmachung im Tagblatte, wenn begründete Klagen wegen leichtſinniger, mangelhafter oder ohne Sachverſtändniß angelegter Einrichtungen gegen einen Inſtallateur einlaufen, oder wenn der Letztere ſeine Kunden nachweisbar überfordert.

8.

Jeder Inſtallateur iſt verpflichtet, dem Stadtrathe ein Preisverzeichniß für gewöhnliche Haus-Einrichtungen mitzutheilen. Den Abnehmern ſteht es zu, von dieſen Preiſen auf unſerem Waſſer- und Straßenbau-Amte Kenntniß zu nehmen und etwaige Rechnungen damit zu vergleichen.

9.

Es iſt jedem Abnehmer geſtattet, wo dieß thunlich iſt, das Abwaſſer ſeiner Brunnen in die öffentlichen Canäle bezw. Straßenbäche einzuleiten. Derſelbe muß jedoch ſpezielle Vorſchrift des Stadtrathes hierüber einholen.

10.

Jedem Inſtallateur wird dieſe Inſtruction mitgetheilt und hat derſelbe die Eröffnung urkundlich zu beſcheinigen. Er verpflichtet ſich damit gleichzeitig zu dem Erſatze des, der ſtädtiſchen Verwaltung durch Nichtbeachtung dieſer Vorſchrift etwa entſtehenden Schadens.

Freiburg, den 4. Februar 1875.

Der Gemeinderath.

Ein Urtheil der Presse über die hiesige Brunnenleitung.

(Carlsruher Zeitg. vom 6. Nov. 1877. Nr. 262.)

Freiburg, 4. Nov. Das hiesige Wasserleitungs-Unternehmen erfreut sich immer mehr der Anerkennung des Publikums; selbst die anfänglichen Gegner vermögen ihm solche nicht zu versagen. In
Folge dieses günstigen Resultats ist das Wasserwerk im Laufe dieses Jahres wieder beträchtlich erweitert
worden. Das Röhrennetz erstreckt sich nun weit über das ursprüngliche Project hinaus bis in die ent-
legendsten Stadttheile, an das obere Ende der Schwarzwald-Straße, in die Sternwald-Straße, das Stadt-
viertel jenseits der Eisenbahn sog. Stühlinger, den Schlangenweg bei Herdern und auf die ganze Wiehre-
Vorstadt. Dabei hat es die Gemeindebehörde auch an mächtigen Zierbrunnen in verschiedenen Stadttheilen
nicht fehlen lassen; so ist der Springbrunnen beim Pfauen, jener auf dem Fahnenbergplatz und ein solcher
in den Anlagen beim Karlsplatz den schon früheren beim Commandantenhaus, hinter der Festhalle, auf
dem neuen Friedhofe und vor dem Hotel Sommer im Laufe dieses Jahres hinzugefügt worden. Alle diese
ein bedeutendes Wasserquantum ausströmenden Brunnen, sowie auch der große Wasserfall am Alleegarten
in der Nähe der höheren Bürgerschule konnten den ganzen Sommer über ohne jede Beeinträchtigung des
Wasserverbrauchs der Abonnenten fortwährend in Thätigkeit belassen werden. Es ist dieß ein erfreulicher,
untrüglicher Beweis für die fortwährende Nachhaltigkeit und das reichhaltige Ergebniß unserer Quellen-
sammlung.

Auch von den Hydranten ist reichlich Gebrauch gemacht worden, und zwar zum Begießen von
Straßen und Plätzen, von Gärten und Anlagen; leider mußten dieselben auch einigemale bei Feuersgefahr
zur Anwendung kommen, wobei sie treffliche Dienste leisteten. Die Zahl der öffentlichen Hydranten beträgt
bereits 350. Seitens der Gemeinde werden, um die Einrichtung der Hydranten recht allgemein nutzbar
zu machen, den Privaten, welche sich dazu auf ihre Kosten Schläuche anschaffen, alle möglichen Erleichte-
rungen geboten.

Die Rentabilität des Unternehmens steht außer jedem Zweifel, da die Abonnentenzahl alle Erwartungen übersteigt. Allerdings wird der sich ergebende Ueberschuß über Verzinsung und Amortisation gerade
keine bedeutende Rente ergeben. Allein eine solche war auch keineswegs beabsichtigt; die Gemeindebehörde
wollte gutes, reichliches Wasser zu mäßigem Preise liefern; sie darf sich zur Ehre anrechnen, den billigsten
Wassergeld-Tarif in ganz Deutschland zu haben.

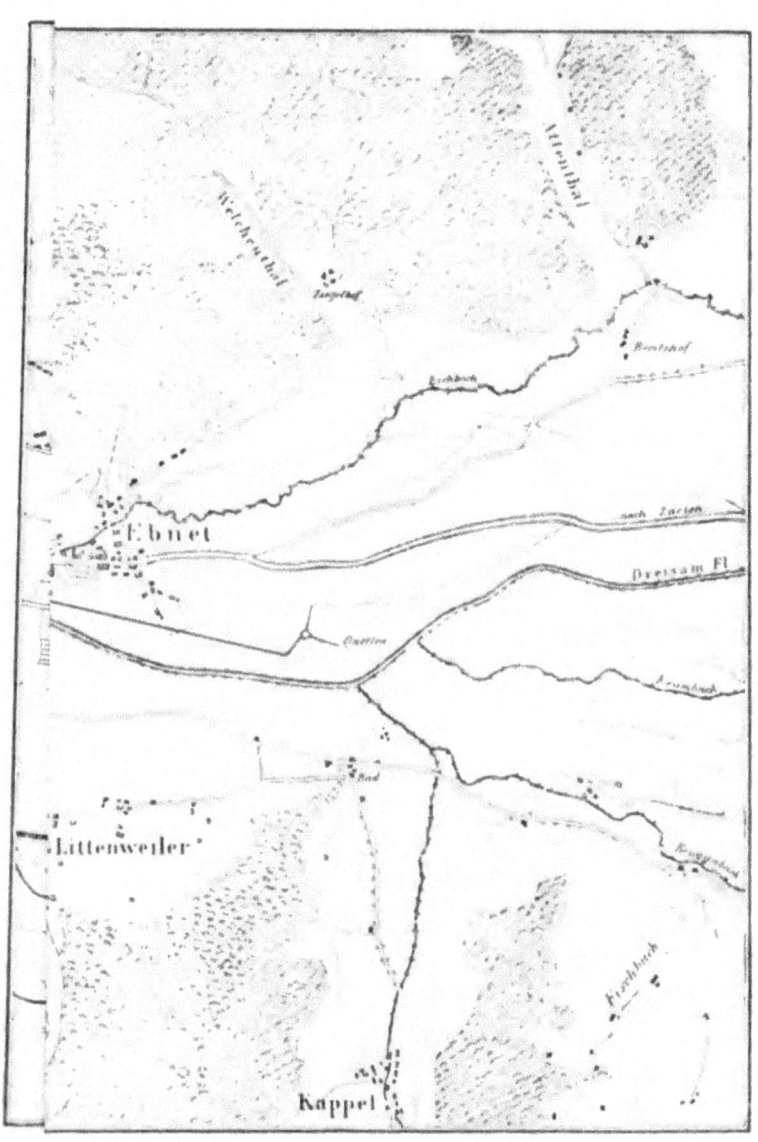

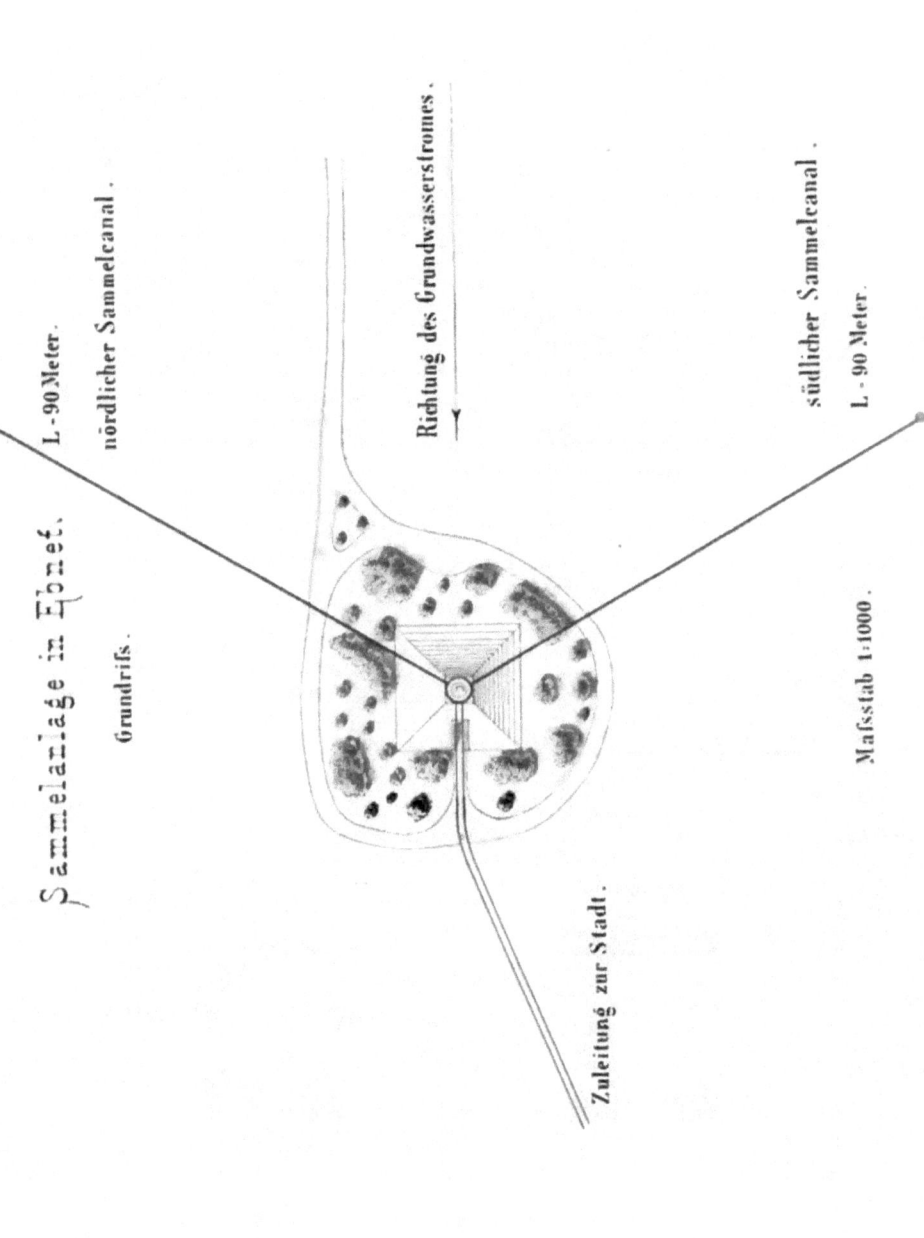

Sammelanlage in Ebnet.

Grundrifs.

nördlicher Sammelcanal.

L.-90 Meter.

Richtung des Grundwasserstromes.

südlicher Sammelcanal.

L.-90 Meter.

Mafsstab 1:1000.

Zuleitung zur Stadt.

Sammelbrunnen in Ebnet.

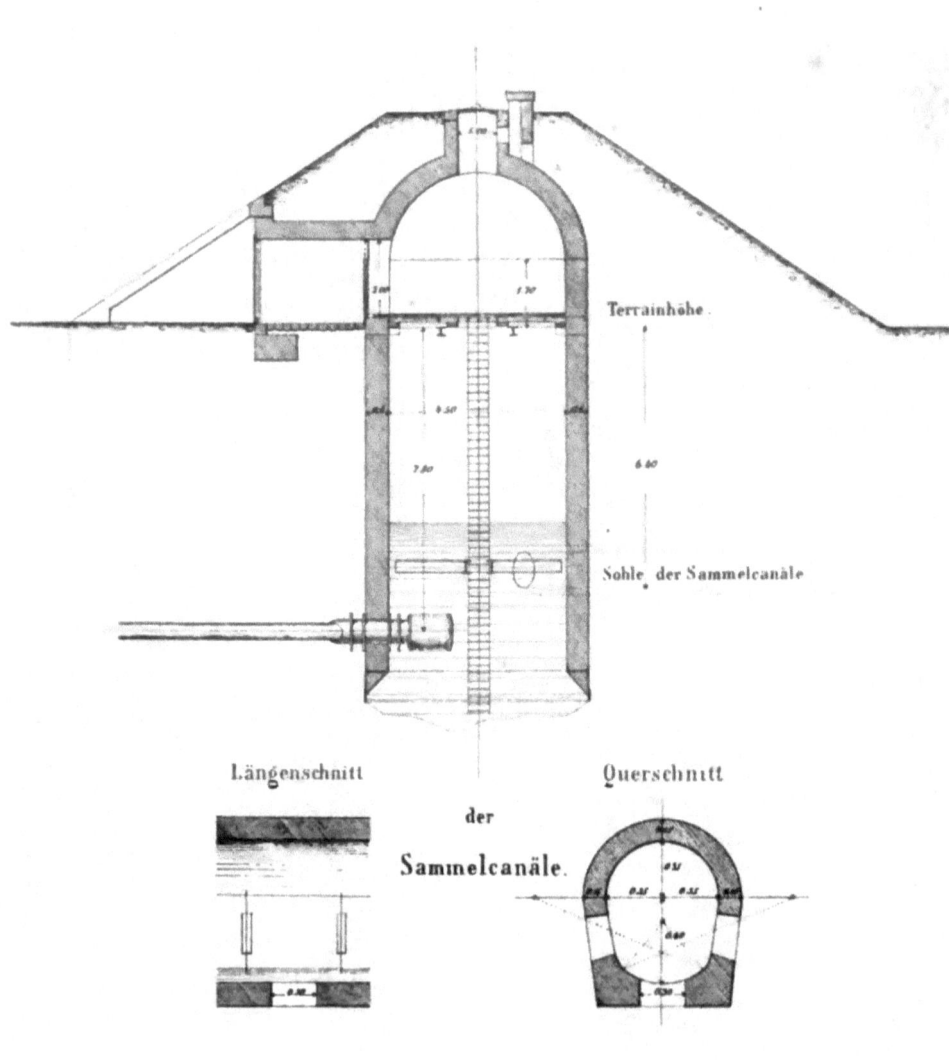

Terrainhöhe

Sohle der Sammelcanäle

Längenschnitt   der   Querschnitt

Sammelcanäle.

1 : 40   Maſsstab   1 : 150

Längenprofil der Zuleitung zum Hochreservoir.

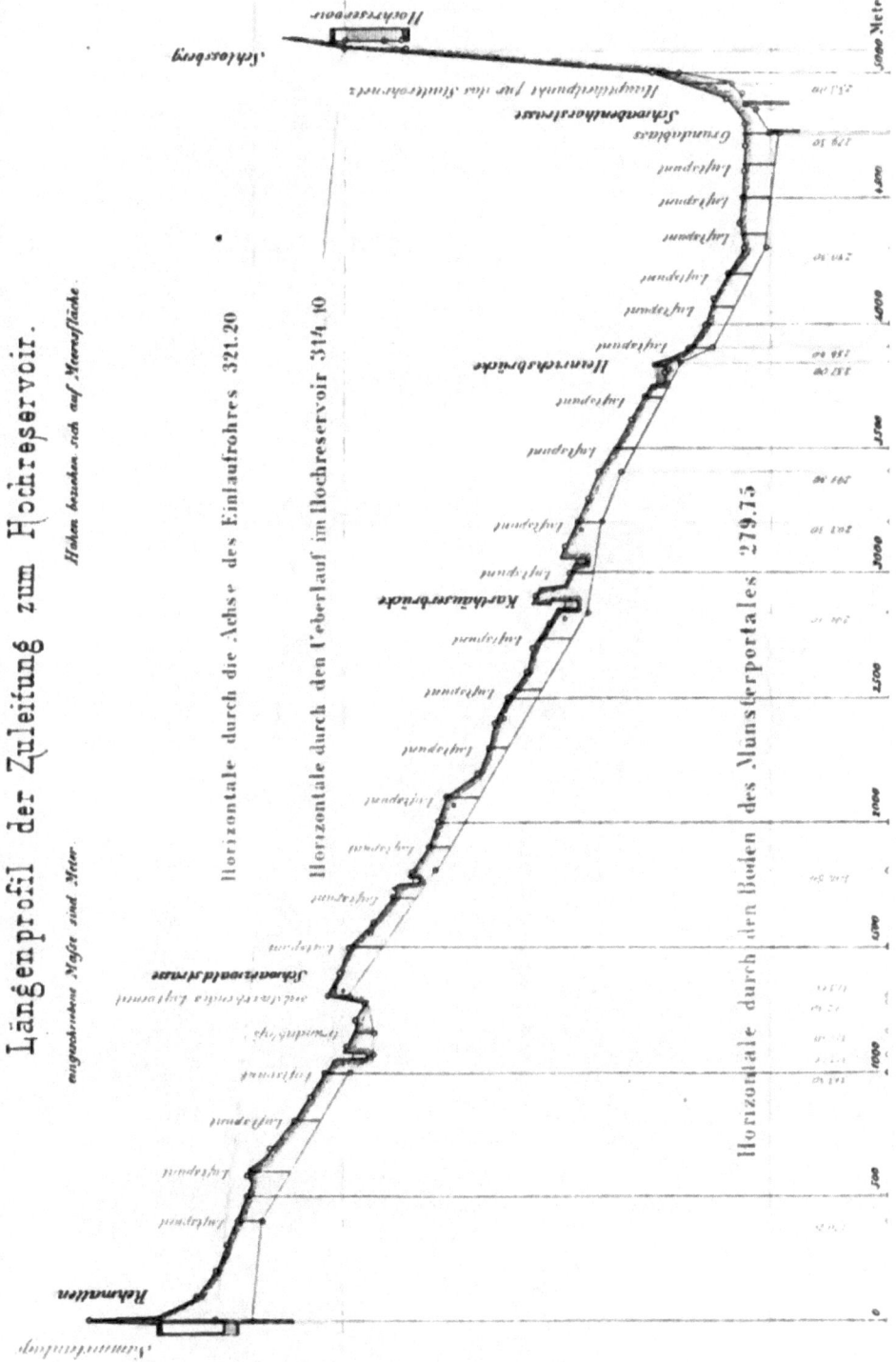

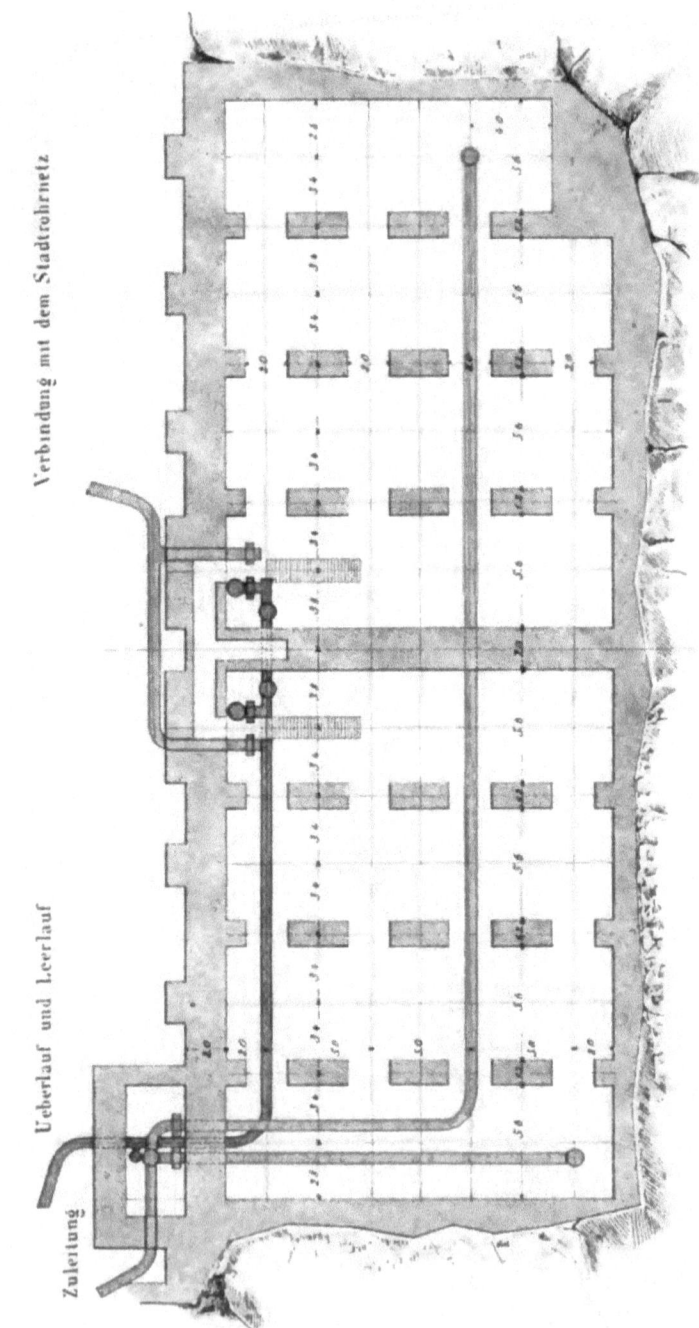

Hochreservoir.

Grundrifs.

Verbindung mit dem Stadtrohrnetz

Ueberlauf und Leerlauf

Zuleitung

Mafsstab 1 : 300

Sammelbrunnen in Ebnet.

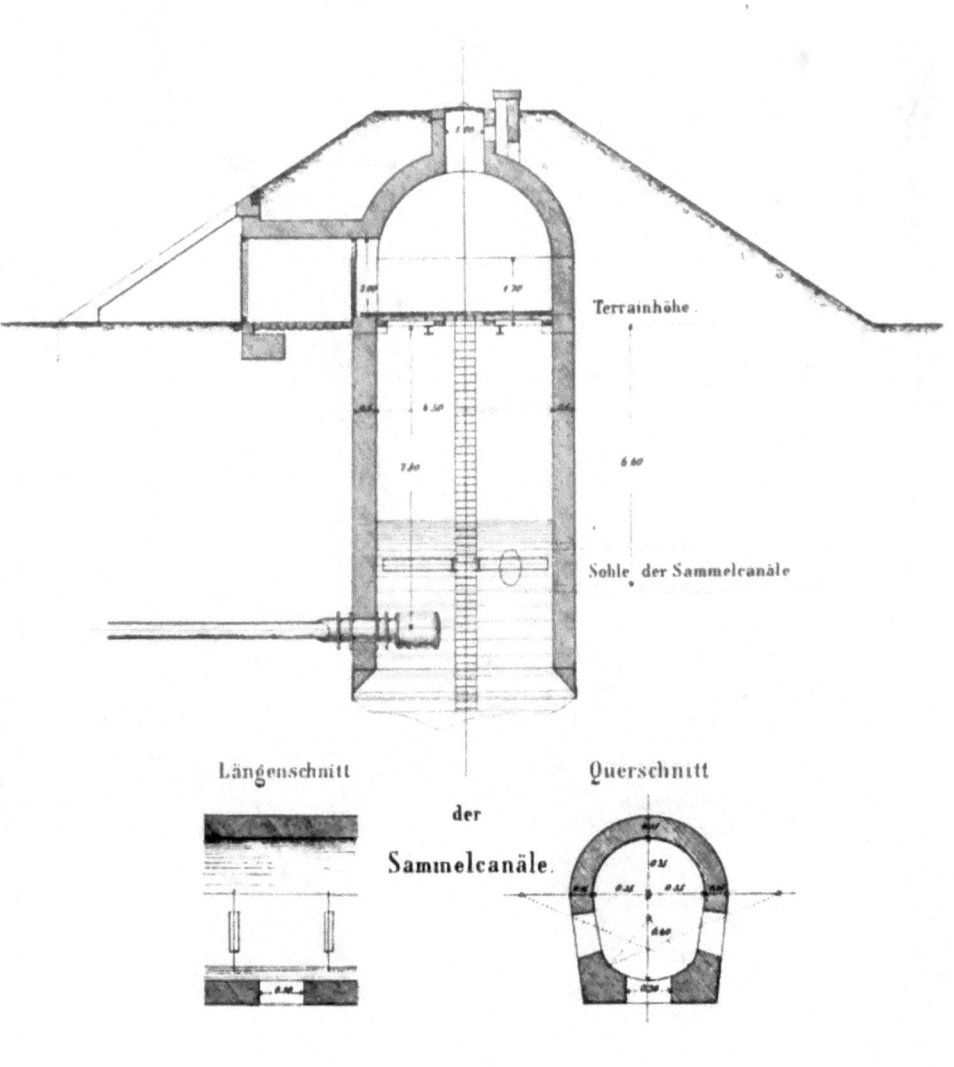

Terrainhöhe.

Sohle der Sammelcanäle

Längenschnitt   Querschnitt

der

Sammelcanäle.

1 : 40   **Maßstab**   1 : 150 .

Längenprofil der Zuleitung zum Hochreservoir.

Höhen beziehen sich auf Meeresfläche

eingeschriebene Maße sind Meter

Horizontale durch die Achse des Einlaufrohres 321.20

Horizontale durch den Ueberlauf im Hochreservoir 314.10

Horizontale durch den Boden des Münsterportales 279.75

Hochreservoir

Schlossberg

Hauptleitpunkt für die Stuttgardter Straße

Schwabenthorstraße

Grundablass

Luftpunkt

Heinrichsbrücke

Karlslaurbrücke

Schwabenthorstraße

Grundablass

Behausten

Sammelleitung

Hochreservoir.

Grundriſs

Verbindung mit dem Stadtrohrnetz

Ueberlauf und Leerlauf

Zuleitung

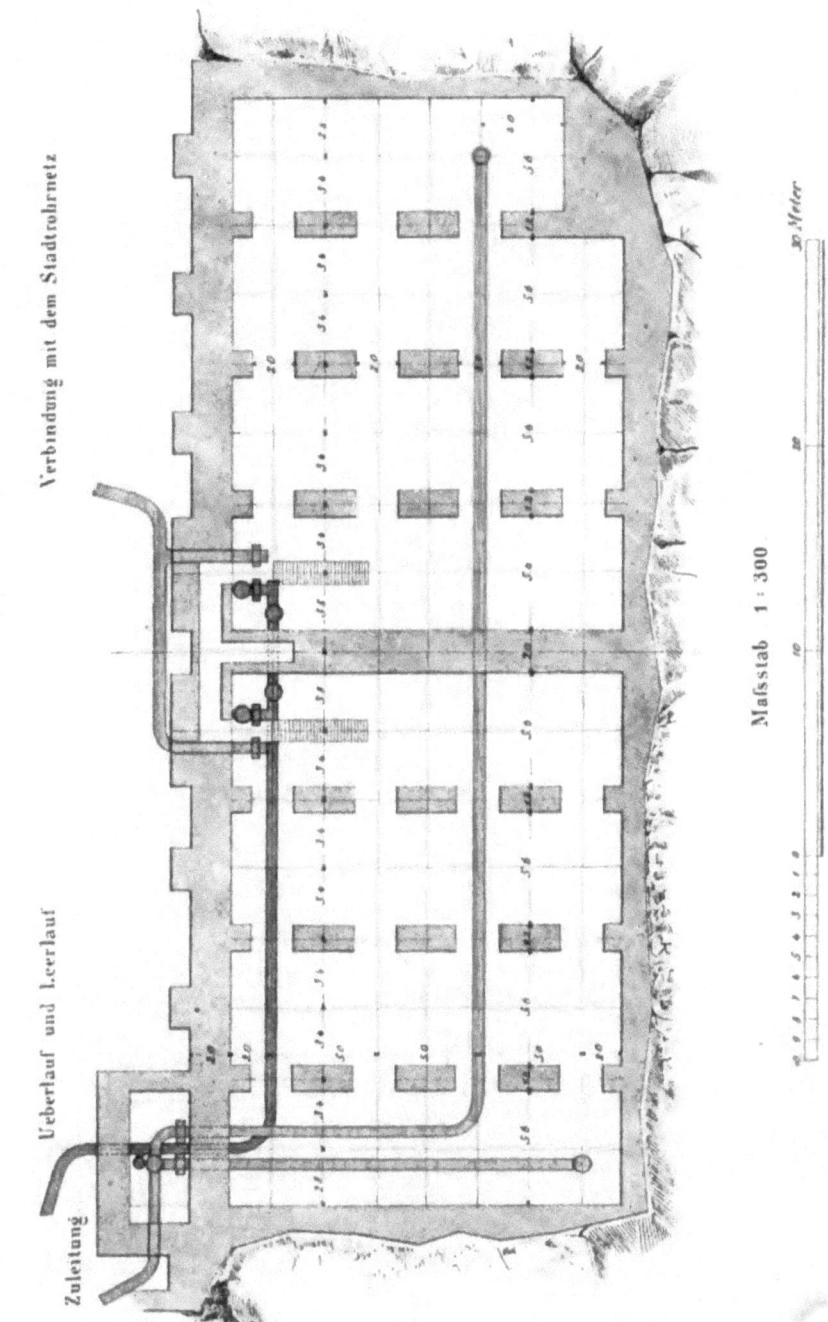

Maſsstab 1 : 300

Zeitfracht Medien GmbH
Ferdinand-Jühlke-Straße 7
99095 Erfurt, Deutschland
produktsicherheit@kolibri360.de